스토리 엔지니어링

스토리 엔지니어링 모든 장르에 활용 가능한 AI 콘텐츠 전략

초판 1쇄 인쇄 2026년 4월 30일
초판 1쇄 발행 2026년 5월 8일

지은이 | 김우정
펴낸이 | 김승기, 김민수
펴낸곳 | ㈜생능출판사 / **주소** | 경기도 파주시 광인사길 143
브랜드 | 생능북스
출판사 등록일 | 2005년 1월 21일 / **신고번호** | 제406-2005-000002호
대표전화 | (031) 955-0761 / **팩스** | (031) 955-0768
홈페이지 | www.booksr.co.kr

책임편집 | 최동진
편집 | 신성민, 이종무
교정·교열 | 김하연
본문·표지 디자인 | 아키타이포스 안은주
영업 | 최복락, 심수경, 차종필, 송성환, 최태웅, 김민정
마케팅 | 백수정, 명하나

ISBN 979-11-94630-75-3 (13000)
값 16,800원

스토리 엔지니어링

모든 장르에 활용 가능한 AI 콘텐츠 전략

김우정 지음

생능북스

이 책은 1,000명의 이야기꾼이 함께 쓴 것이다.

2024년 8월, 첫 워크숍에서 "이건 AI가 쓴 거죠?"라고 물었던 참가자부터, 80여 차례의 수업을 거치며 AI 앞에서 두려움 대신 질문을 던지기 시작한 모든 창작자들. 영화감독, 드라마 작가, 웹툰 스토리 작가, 기획자와 마케터, 그리고 아직 자신의 첫 이야기를 쓰지 못한 채 망설이고 있던 신예 작가들까지. 당신들이 교실에서 보여 준 변화가 이 책의 모든 페이지에 녹아 있다.

함께 길을 만들어온 인사이트 클럽의 동료들과 프롬의 동문들에게, 원고 한 줄 한 줄에 더 나은 구조를 고민해 준 생능북스 편집팀에게, 그리고 늦은 밤까지 AI와 대화하느라 식어버린 밥상 앞에서도 묵묵히 기다려 준 나의 아내 유현과 고양이 잭 스페로우, 윌 터너, 엘리자베스 스완에게 이 책을 바친다.

이제 이 책을 펼친 당신에게 한 가지 질문을 던진다.

당신은 AI에게 무엇을 '시키고' 있는가, 아니면 AI와 무엇을 '하고' 있는가? 이 둘의 차이가, 앞으로 당신이 만들 이야기의 운명을 가를 것이다.

"인간이 시작하고, 인간이 마무리한다."

그 사이의 모든 가능성을, 이제 함께 열어 보자.

AI 시대, 이야기꾼의 생존법

"이건 AI가 쓴 거죠?"

2024년 8월, 어느 워크숍에서였다. 참가자 중 한 명이 AI와 함께 완성한 시나리오를 낭독했다. 20분짜리 단편 영화 시나리오였는데, 캐릭터의 내면이 섬세했고 반전도 예리했다. 무엇보다 그 작가만의 색깔이 뚜렷했다. 낭독이 끝나자 누군가 물었다.

"마지막 대사도 AI가 쓴 건가요?"

그 질문에 담긴 뉘앙스는 복잡했다. 호기심 반, 경계 반, 그리고 아주 미세한 무시. 마치 "진짜 창작이 아니다."라고 말하는 것 같았다. 작가는 잠시 당황했지만, 이내 웃으며 답했다.

"네, AI와 함께 썼습니다. 정확히는 제가 열두 번의 대화를 통해 완성했어요. 첫 아이디어는 제 것이었고, 캐릭터의 트라우마는 제 경험에서 나왔고, 마지막 대사는 제가 직접 다시 썼습니다. AI는 제가 미처 생각하지 못한 플롯의 허점을 찾아 줬고, 중간 전개를 확장하는 데 도움을 줬죠."

그의 답변 후 교실은 조용해졌다. 그리고 곧 질문이 쏟아졌다.

"어떻게 열두 번 만에 완성할 수 있었나요?"
"AI한테 뭐라고 말했는데, 그런 결과가 나온 거예요?"
"나는 AI한테 시나리오 써 달라고 하면 매번 뻔한 것들만 나오던데…."

그 순간 나는, '문제는 AI가 아니라 우리가 AI를 대하는 방식'이라는 사실을 깨달았다.

1,000명과 함께 발견한 진실

2024년 8월부터 지금까지, 나는 80여 차례의 워크숍에서 약 1,000명의 창작자를 만났다. 영화감독, 드라마 작가, 웹소설 작가, 웹툰 스토리 작가, 유튜버, 마케터…. 직업은 달랐지만, 그들이 AI에게 던지는 질문은 놀랍도록 비슷했다.

"시나리오 써 줘."
"20대 여성 주인공 캐릭터 만들어 줘."
"반전 있는 엔딩 알려 줘."

그리고 돌아오는 답변을 보며 실망했다. 뻔하고 진부했다. 어디서 본 것 같았다. 그래서 그들은 결론을 내렸다. 'AI는 창작에 쓸모없다.'고.

하지만 같은 사람들이 3시간의 워크숍을 마친 후 전혀 다른 결과물을 만들어 냈다. 무엇이 달라진 걸까? 프롬프트가 달라졌다. 더 정확히 말하자면, AI를 대하는 태도와 전략이 달라졌다.

그들은 더 이상 AI에게 '답'을 요구하지 않았다. 대신 '대화'를 시작했다. 막연한 주문 대신 구체적인 맥락을 제공했고, 일방적인 지시 대신 단계적인 협업을 선택했다. AI를 작가가 아닌 창작 파트너로 대하기 시작한 것이다. 결과는 놀라웠다.

- 6개월째 풀리지 않던 장편 시나리오를 2주 만에 완성한 작가
- 클라이언트가 원하는 브랜드 스토리를 하루 만에 10개 버전으로 제시한 마케터
- 평소에는 3일 이상 걸리던 웹툰 스토리보드를 4시간 만에 완성한 스토리 작가
- 처음으로 AI 영상 공모전에 도전해 본선에 오른 시나리오 지망생

이들은 AI가 자신을 대체할 것이라는 두려움 대신, AI와 함께 자신의 창작 역량을 확장할 수 있다는 가능성을 발견했다.

인간이 시작하고, 인간이 마무리한다

나는 20년간 기획자로, 프로듀서로, 작가로 살아왔다. 수백 개의 스토리텔링 캠페인을 기획했고, 영화제를 운영했으며, 웹툰과

수많은 프로젝트 영상들을 제작했다. 그 과정에서 배운 진리가 하나 있다. 좋은 이야기는 질문에서 시작된다는 것.

"왜 이 인물은 이런 선택을 했을까?"
"이 장면에서 관객이 느껴야 할 감정은 무엇일까?"
"이 이야기가 궁극적으로 말하고자 하는 것은 무엇일까?"

AI가 아무리 발전해도, 이런 질문을 던지는 것은 여전히 인간의 몫이다. AI는 답을 줄 수 있지만, 무엇을 물어야 할지는 모른다. AI는 패턴을 학습할 수 있지만, LLM의 데이터에 당신만의 경험과 감정은 어디에도 없다. AI는 수천 개의 시나리오를 분석할 수 있지만, 지금 여기, 당신이 쓰고자 하는 이야기의 의미는 알지 못한다. 그래서 나는 큰 원칙을 하나 세웠다.

"인간이 시작하고, 인간이 마무리한다."
Humans Start, Humans Finish.

AI는 중간 과정을 돕는 도구다. 아이디어를 확장하고, 구조를 정리하고, 대안을 제시하는 증폭기 Amplifier 다. 하지만 무엇을 만들 것인지 결정하고 최종적으로 완성하는 것은 창작자 본인이다.

AI와의 협업에서 가장 중요한 것은 주도권이다. AI에게 끌려가는 것이 아니라 AI를 전략적으로 활용하는 것, 이것이 AI 시대 이야기꾼의 생존법이다.

휴리스틱 프롬프팅: 직관과 전략의 만남

프로그래밍에 '알고리즘'이 있다면, 기획과 창작에는 '*휴리스틱 Heuristic'이 있다. 알고리즘이 정확한 답을 찾는 절차라면, 휴리스틱은 최선의 답을 찾아가는 직관적 전략이다.

스토리텔링은 본질적으로 휴리스틱한 작업이다. 정답이 없다. A라는 캐릭터가 B라는 상황에서 C라는 선택을 할 때, 그것이 '옳은지'는 수학적으로 증명할 수 없다. 하지만 우리는 안다. 경험과 직관으로 안다. 독자가, 관객이 어떻게 반응할지를.

휴리스틱 프롬프팅 Heuristic Prompting 은 이러한 창작자의 직관과 AI의 논리를 결합하는 방법론이다. 단순히 '이렇게 프롬프트를 쓰세요.'라는 공식이 아니다. 당신의 영감을 구조화하고, AI와의 대화를 전략적으로 설계하며, 그 과정에서 예상치 못한 통찰을 발견하는 창작 프로세스 전체를 아우르는 접근법이다. 예를 들어 보자.

복수를 주제로 한 드라마를 쓰고 싶을 때 단순히 "복수 드라마 시놉시스 써 줘."라고 하면 뻔한 결과가 나온다. 하지만 이렇게 접근한다면?

---

* 휴리스틱은 심리학에서 인간의 추론, 의사 결정, 문제 해결 등의 특징을 기술하기 위해 사용되는 개념이다. 알고리즘과 대비되며, 굳이 이분법적으로 접근하자면 인간의 '직관'을 반영하는 사고방식으로, 시간이나 자료의 부족, 인지적 자원의 제약, 문제 특성 등의 이유로 답을 도출하기 위한 정확한 절차를 사용하지 않고 경험과 직관에 의존해 '대충 때려맞히는' 방법, 방식이다.

1. **질문으로 시작**: "복수 서사에서 주인공의 동기가 정당해 보이다가 점차 왜곡되는 서사는 어떤 구조를 가질까?"
2. **맥락 제공**: "타깃 관객은 30대 여성이고, 직장 내 부조리를 경험한 사람들이야. 단순한 권선징악이 아니라, 도덕적 회색지대를 탐구하고 싶어."
3. **단계적 전개**: AI와 함께 '캐릭터의 심리 설정 → 사건 구조 → 반전 포인트 → 대사의 뉘앙스' 순으로 깊이를 더해간다.
4. **피드백 순환**: AI가 제안한 플롯을 보고 "이 부분은 너무 극적이야. 좀 더 일상적인 디테일로 바꿔 보자."는 식으로 조율한다.

이것이 휴리스틱 프롬프팅이다. 정해진 틀이 아니라, 당신의 창작 의도를 AI와의 대화로 구현하는 사고의 방법론이다.

이 책을 펼친 당신에게

이 책은 AI 사용 설명서가 아니다. 창작자를 위한 전략서이자 동료이다. 당신이 막막한 백지 앞에서 시작을 망설이고 있다면, 이 책은 첫걸음을 떼는 법을 알려 줄 것이다.

당신이 이미 시나리오를 쓰고 있지만 더 빠르고 효율적인 방법을 찾고 있다면, 이 책은 작업 속도를 2배 이상 높여 줄 것이다. 당신이 AI를 써 봤지만 실망했다면, 이 책은 왜 그랬는지, 그리고 어떻게 달라질 수 있는지 보여 줄 것이다.

이 책에는 80여 차례 워크숍에서 검증된 실전 프롬프트 템플릿, 장르별 창작 가이드, 그리고 내가 직접 진행한 프로젝트의 생생한 사례가 담겨 있다. 영화 시나리오부터 드라마 대본, 숏폼 드라마, 웹툰 스토리, 프리 비주얼과 영상까지. AI를 활용한 모든 형태의 스토리텔링이 이 안에 있다. 하지만 가장 중요한 것은 이것이다.

"당신 이야기의 주인은 여전히 당신이다."

AI는 당신을 대체하지 않는다. AI는 당신의 상상력을 증폭시킬 뿐이다. 시작은 당신이 하고, 마무리도 당신이 한다. AI는 그 사이에서 당신과 함께 걷는다.

2026년, 우리는 역사적 전환점에 서 있다. AI가 창작 도구로 완전히 자리 잡은 시대. 하지만 동시에 인간의 고유한 창의성이 그 어느 때보다 중요해진 시대.

AI는 당신 곁에 있다.
하지만 펜을 쥔 것은, 여전히 당신이다.

AI 스토리텔링랩 프롬(PROM)에서 **'생각'**

차례

"나는 이제 멸종했다고 생각합니다."
1991년, 필 티펫은 CG의 기술력 앞에서 이렇게 말했다.
하지만 그는 멸종하지 않았다.
오히려 변화를 자기 것으로 만들었다.

이 파트에서는 지금 콘텐츠 산업에 무슨 일이 벌어지고 있는지 직시하고,
AI가 이야기를 생성하는 원리 -확률과 패턴, 그리고 그 한계- 를 이해한다.
그 위에 창작자의 직관과 AI의 논리를 결합하는 방법론,
휴리스틱 프롬프팅의 기초를 세운다.

도구를 이해하는 자만이 도구에 지배당하지 않는다.

Part 01

AI 스토리텔링의 이해

왜 AI 스토리텔링인가?

나는 이제 멸종했다고 생각합니다

1991년, 필 티펫은 스필버그의 요청으로 <쥬라기 공원>의 공룡 스톱 모션 연출을 맡았다. 스타워즈 시리즈의 스톱 모션 특수효과를 담당했던 그는 당대 최고의 거장이었다.

스필버그는 그의 전문성을 믿었고, 티펫은 수개월간 스톱 모션으로 공룡의 움직임을 설계했다. 하지만 ILM Industrial Light & Magic 이 만든 CG 티라노사우루스 시연 영상을 본 순간, 그는 단 한마디를 남겼다.

"I think I'm extinct. 나는 이제 멸종했다고 생각합니다."

이 대사는 영화 속 이안 말콤의 대사로도 인용된다. 농담처럼 들리지만, 그 안에는 한 시대가 끝났다는 비극이 담겨 있다. 30년간 갈고닦은 기술이 단 몇 분의 CG 영상에 의해 순식간에 구시대의 유물이 되어버린 순간이었다. 그런데 이야기는 여기서 끝나지 않는다.

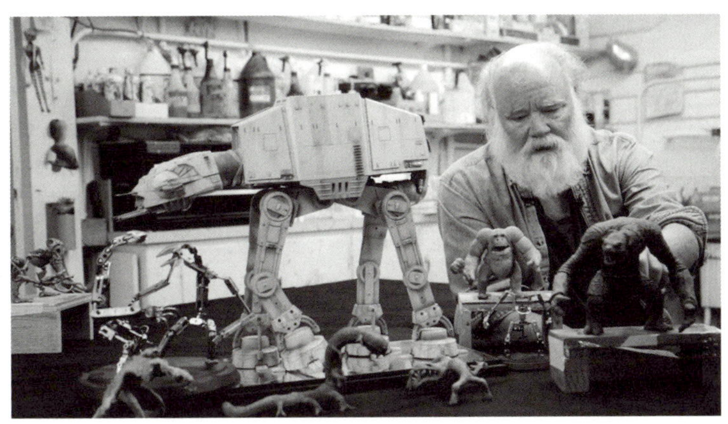

▲ 필 티펫의 작품 세계를 다룬 다큐멘터리 〈필 티펫: 매드 드림즈 앤 몬스터즈〉 중 한 장면

티펫은 충격을 받았지만 멈추지 않았다. 그는 스톱 모션을 포기하지도, CG를 거부하지도 않았다. 대신 두 기술을 결합하는 방법을 선택했다. 그가 개발한 'DID Dinosaur Input Device' 시스템은 스톱 모션 인형의 움직임을 디지털로 변환하는 혁신이었다. 장인의 손끝 감각을 컴퓨터 언어로 번역한 것이다.

결과적으로 〈쥬라기 공원〉은 CG만으로 만들어진 영화가 아니라, 스톱 모션의 DNA가 살아 숨 쉬는 하이브리드 걸작이 되었다. 그리고 티펫은 이 프로젝트로 두 번째 오스카를 수상했다. 멸종을 선언당한 사람이 새로운 시대의 선구자가 된 순간이었다.

더 놀라운 것은 그다음이다. 그는 CG 특수 효과 회사 티펫 스튜디오를 설립해 〈스타쉽 트루퍼스〉, 〈트와일라잇〉 시리즈, 〈만달로리안〉 등 수많은 작품의 VFX를 담당했다. 하지만 그의 진짜 반격은 2021년 완성한 <매드 갓>이었다. 30년 동안 틈틈이 작업한 이 영화는 역설적으로 100% 스톱 모션으로만 제작되었다. 필 티펫은 증명했다. 멸종한 것은 기술이 아니라 변화를 거부한 태도였다는 것을.

그리고 35년이 흐른 2026년, 티펫이 남긴 '퍼펫티어'라는 유산은 영화 <프로젝트 헤일메리>의 새로운 포맷으로 찬란하게 부활했다. 기술의 증폭은 한 방향으로 흐르지 않는다. 누구도 예측할 수 없지만 한 시대의 유산은 그렇게 쉽게 꺼지지 않는다.

▲ 〈매드 갓〉

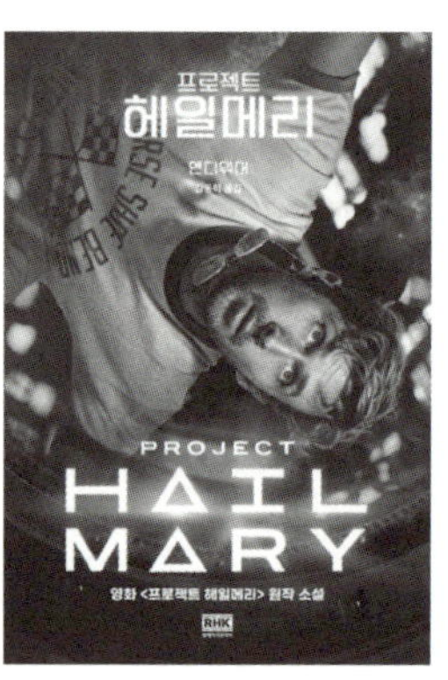

▲ 〈프로젝트 헤일메리〉

2025년, 콘텐츠 시장에 휘몰아친 폭풍

지금 우리는 1991년 필 티펫이 겪었던 것과 똑같은 순간을 마주하고 있다. 생성형 AI가 등장했다. 텍스트를 입력하면 이미지가 나오고, 프롬프트를 쓰면 영상이 만들어지고, 대화를 나누면 시나리오가 완성된다. 클로드, 챗지피티, 소라, 비오3, 런웨이, 미드저니…. 도구는 하루가 다르게 진화하고 있다. 그리고 많은 창작자들이 묻는다.

"나는 이제 멸종하는 건가?"

근거 없는 공포가 아니다. 콘텐츠 산업은 지금 세 가지 거대한 변화의 한가운데 서 있다.

첫째, '숏폼의 폭발적 성장'이다. 틱톡, 유튜브 쇼츠, 인스타그램 릴스…. 60초 안에 관객을 사로잡지 못하면 스와이프 당하는 시대가 왔다. 중국의 숏폼 드라마 시장은 2024년 10조 원을 돌파했고, 국내에서도 '짧고 강렬한' 콘텐츠에 대한 수요가 폭증하고 있다.

둘째, '제작 비용과 시간의 압박'이다. OTT 플랫폼들은 더 많은 콘텐츠를 더 빠르게 원한다. 드라마 한 편 제작에 3~4년이 걸리던 시대는 지났다. 이제는 3개월 안에 기획부터 제작까지 끝내야 하는 경우도 흔하다. 웹툰과 웹소설도 마찬가지다. 매주, 어떤 경우에는 매일 업데이트해야 독자를 붙잡을 수 있다.

셋째, '창작자 간 경쟁의 심화'다. 예전에는 방송국 PD, 출판사 편집자, 영화사 기획자라는 게이트 키퍼가 있었다. 하지만 유튜브와 넷플릭스 시대에는 누구나 창작자가 될 수 있고, 그만큼 경쟁도 치열해졌다.

이 폭풍 속에서 AI는 해결책처럼 보이기도 하고, 위협처럼 보이기도 한다. 그렇다면 우리는 어떻게 해야 할까? 필 티펫이 보여 준 답은 명확하다. 멈추지 말고, 스스로를 증폭시키라는 것.

혼자서도 스튜디오가 될 수 있는 시대

2010년, 픽사의 애니메이터 한 명이 30초짜리 단편 애니메이션 하나를 만드는 데 평균 3개월이 걸렸다. 2026년, 생성형 AI 도구를 활용하면 비슷한 퀄리티의 숏폼 애니메이션을 하루 만에 만들 수 있다.

과장이 아니다. 실제로 2025년 여름, 한 크리에이터는 AI 도구(미드저니+런웨이+소라)를 활용해서 혼자 2분짜리 SF 단편 영상을 제작했다. 제작 기간 10일, 제작비 50만 원. 전통적인 방식이었다면 최소 다섯 명의 팀과 5,000만 원의 예산이 필요했을 작업이다. 이것이 의미하는 바는 명확하다. 진입 장벽이 무너지고 있다.

예전에는 영화 한 편을 만들려면 촬영 장비, 촬영 팀, 편집실이 필요했다. 웹툰을 그리려면 타블렛과 그래픽 툴을 다룰 줄 알아야 했다. 광고 캠페인을 기획하려면 대행사에 의뢰해야 했다. 이제는? 노트북 하나와 생성형 AI만 있으면 된다.

물론 이 말이 '누구나 쉽게 명작을 만들 수 있다.'는 뜻은 아니다. 오히려 반대다. 좋은 아이디어와 기획력이 그 어느 때보다 중요해졌다. 기술 장벽이 낮아진 만큼, 이제는 '무엇을 만들 것인가?', '어떤 이야기를 할 것인가?'가 승부처가 됐다. 그리고 여기에 AI 스토리텔링의 진짜 가치가 있다. 필 티펫이 스톱 모션과 CG를 결합했듯이, 우리는 인간의 창의성과 AI의 효율성을 결합할 수 있다. 도구는 바뀌었지만, 창조의 본질은 여전히 인간의 몫이다.

AI는 당신의 상상력을 기다리고 있다

필 티펫의 이야기로 다시 돌아가 보자. 그는 영화 <매드 갓>을 100% 스톱 모션으로 완성하며 '멸종한 것은 기술이 아니라 변화를 거부한 태도였다는 것'을 증명했다. 그리고 영화 '프로젝트 헤일메리'는 이 전통을 창의적인 하이브리드 방식으로 부활시켰다.

AI 스토리텔링도 마찬가지다. AI 스토리텔링을 배운다는 것은 단순히 '도구를 사용하는 법'을 익히는 게 아니다. 그것은 새로운 창작 패러다임을 받아들이는 것이다.

옛날 작가들은 펜과 타자기를 썼다. 다음 세대 작가들은 워드 프로세서를 썼다. 그 후로는 인터넷 검색의 시대를 지나, 지금 세대 작가들은 AI와 함께 쓴다. 도구는 바뀌었지만, 본질은 변하지 않았다. 여전히 중요한 것은:

- 어떤 이야기를 할 것인가?
- 왜 이 이야기를 해야 하는가?

• 누구에게 이 이야기를 들려줄 것인가?

AI는 이런 질문에 정확한 답을 주지 않는다. 하지만 당신이 답을 찾아가는 과정을 10배 빠르게, 10배 풍부하게 만들어 준다. 생각해 보자.

브레인스토밍을 할 때, 혼자 하면 10개의 아이디어가 나오지만, 팀원들과 함께하면 100개가 나온다. AI는 당신에게 무한한 브레인스토밍 파트너를 제공한다. 24시간, 언제든지, 주제에 상관없이, 지치지 않고 당신과 함께 아이디어를 만들어 간다.

하지만 최종 결정은? 여전히 당신이 한다. 어떤 아이디어를 채택할지, 어떻게 발전시킬지, 어떤 톤으로 완성할지는 창작자의 몫이다. AI는 당신의 부조종사다. 조종사는 당신이다.

물론 인공지능과 이야기를 만들 때 당신의 역할은 작가 이상이다. 정확하게 말해서 메인 작가는 당신이 아니다. 클로드, 제미나이, 챗지피티, 그록이 작가가 되고, 당신은 감독이다. 그럼 감독의 역할은 무엇일까?

생각의 사슬을 따라가는 사람

AI 프롬프트 연구에 'CoT Chain of Thought, 생각의 사슬'라는 개념이 있다. AI에게 복잡한 문제를 풀게 할 때, 한 번에 답을 내놓게 하는 것보다 단계적으로 추론하게 하면 더 좋은 결과가 나온다는 것이다.

스토리는 한 번에 완성되지 않는다. 주제 → 캐릭터 → 갈등 → 플롯 → 대사 → 장면…. 각 단계는 이전 단계의 결과 위에 쌓인다. AI와 작업할 때도 마찬가지다. 한 번에 '완벽한 시나리오'를 요구하는 것이 아니라, 생각의 사슬을 따라 한 고리씩 단단하게 만들어가는 것이다. 예를 들어:

- **1단계**: 주제 질문. 외로움을 상품화하는 사회에서 진짜 연결은 가능할까?
- **2단계**: 캐릭터 설정. 이 질문을 체현할 주인공은 누구인가? AI와 함께 브레인스토밍하고, 구체적인 디테일을 더한다.
- **3단계**: 갈등 구조 주인공의 내적 갈등과 외적 장애물은 무엇인가? 사건의 흐름은?
- **4단계**: 장면 설계. 각 씬에서 무엇이 일어나야 하는가? 시각적으로, 감정적으로 어떻게 전달할 것인가?
- **5단계**: 대사와 디테일. 캐릭터는 이 상황에서 정확히 무엇이라고 말하는가?

각 단계에서 AI는 당신의 파트너다. 당신이 방향을 제시하면, AI는 가능성을 확장한다. 당신이 판단하면, AI는 정교화한다. 이렇게 사슬을 따라 함께 걸어가면, 어느새 당신만의 완결된 이야기가 탄생한다.

필 티펫은 멸종이 아닌 진화를 선택했다. 진화는 스스로를 증폭시키는 일이다. 30년 후 그는 자신만의 방식으로 귀환했다. 그리고 '프로젝트 헤일메리'가 진화를 완성했다. 스톱 모션은 죽지 않았다. 단지 형태를 바꾸고 증폭되었을 뿐이다. 멸종하는 것은 기술이 아니라 변화를 거부하는 마음이다.

당신의 상상력에 AI라는 날개를 달아 줄 준비가 됐다면, 이제 다음 장으로 가 보자. AI가 '어떻게' 이야기를 만드는지 그 작동 원리를 이해하면, 도구를 10배 더 잘 활용할 수 있다.

AI는 적이 아니라 동료다.
AI는 대체자가 아니라 증폭기다.
AI는 종착점이 아니라 출발점이다.

Section
02

AI 스토리 생성 메커니즘

AI는 어떻게 이야기를 '이해'할까?

2025년 봄, 한 시나리오 작가가 워크숍에서 질문을 던졌다.

"AI한테 '슬픈 장면 써 줘.'라고 하면 진짜 슬픈 장면이 나와요. 근데 AI가 정말 슬픔을 이해하는 건가요? 아니면 그냥… 슬픈 척 하는 건가요?"

날카로운 질문이었다. 그리고 이 질문에 대한 답을 아는 것이 AI와 함께 더 나은 이야기를 만드는 첫걸음이다. 결론부터 말하자면, AI는 슬픔을 느끼지 못한다. 하지만 AI는 수십억 개의 텍스트에서 '슬픔'이 어떻게 표현되는지 학습했다.

어머니를 잃은 아이의 이야기에서 어떤 단어들이 함께 나타나는지, 이별의 순간에 사람들이 어떤 문장 구조를 사용하는지, 슬픔의 강도에 따라 묘사가 어떻게 달라지는지…. AI는 이 모든 패턴을 기억한다. 그래서 당신이 '슬픈 장면'을 요청하면, AI는 슬픔을 느끼는 대신 슬픔의 언어적 패턴을 재현한다. 마치 뛰어난

성우가 실제로 슬픔을 느끼지 않아도 슬픈 목소리를 낼 수 있는 것처럼.

이것이 AI의 본질이다. 감정이 아니라 패턴, 이해가 아니라 예측, 결정이 아니라 확률. 그렇다면 이 '패턴 예측 확률 기계'를 어떻게 활용해야 당신만의 이야기를 만들 수 있을까?

도서관 사서가 아닌 예측가

많은 사람들이 AI를 거대한 도서관의 사서처럼 생각한다.

'AI는 엄청나게 많은 정보를 저장하고 있다가 내가 물어보면 거기서 답을 찾아 알려 주는 거겠지?'

틀렸다. AI는 정보를 '저장'하지 않는다. AI가 하는 일은 다음 단어를 예측하는 것이다. 예를 들어 보자. 당신이 AI에게 이렇게 말한다.

"옛날 옛적에 한 공주가…"

AI는 이 문장 다음에 올 수 있는 모든 가능성을 계산한다.

"살았습니다." (확률 35%)
"있었습니다." (확률 30%)
"태어났습니다." (확률 15%)
"죽었습니다." (확률 5%)

⋯ 그 외 수천 가지

AI는 이 확률을 바탕으로 가장 적절한 단어를 선택한다. 그리고 그 단어가 선택되면, 다시 그다음 단어를 예측한다. 이렇게 한 번에 한 단어씩 이야기를 만들어 간다. 이것이 바로 대형 언어 모델LLM, Large Language Model의 핵심 메커니즘이다.

"그럼 AI는 확률적으로 가장 흔한 문장만 만드는 건가요?"

좋은 질문이다. 만약 AI가 항상 가장 높은 확률의 단어만 선택한다면, 모든 이야기는 뻔하고 진부할 것이다. 하지만 AI에게는 '창의성 다이얼'이 있다. 우리는 이것을 '*온도temperature'라고 부른다.

온도를 낮추면 AI는 안전하고 예측 가능한 단어를 선택하고, 온도를 높이면 AI는 예상 밖의 더 창의적인 단어를 선택한다.

이것이 같은 프롬프트로도 매번 다른 결과가 나오는 이유다.

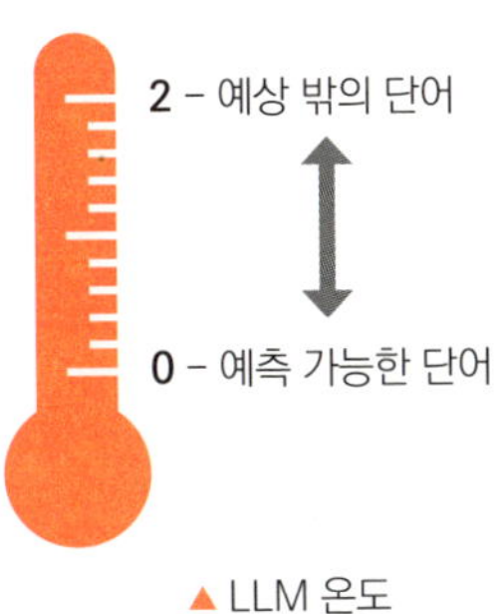

▲ LLM 온도

---

* 대형 언어 모델(LLM, Large Language Model)에서 온도(temperature)는 출력의 무작위성(랜덤성)을 조절하는 하이퍼 파라미터다. 값이 낮을수록 모델은 가장 확률이 높은 단어를 선택하여 일관되고 정답 중심의 답변을 생성하고, 값이 높을수록 더 창의적이고 예측 불가능한 답변을 생성한다.

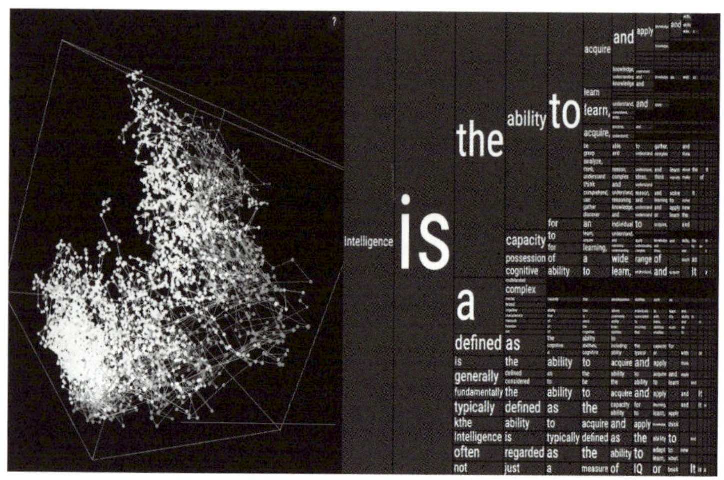

▲ 대형 언어 모델(LLM)

원리를 알면 10배 더 잘 쓸 수 있다

우리는 왜 AI의 작동 원리를 알아야 할까? 자동차를 운전하기 위해 엔진 구조를 알 필요는 없다. 하지만 엔진이 어떻게 작동하는지 알면 더 효율적으로 운전할 수 있고, 문제가 생겼을 때 빠르게 대처할 수도 있다. AI도 마찬가지다. 원리를 알면:

- AI가 왜 가끔 엉뚱한 답을 하는지 이해한다. (할루시네이션)
- 긴 프로젝트에서 컨텍스트를 어떻게 관리해야 할지 안다. (컨텍스트 윈도우)
- AI에게 무엇을 기대하고 무엇을 기대하지 말아야 할지 안다. (강점과 한계)
- 프롬프트를 어떻게 구조화해야 더 나은 결과를 얻을 수 있는

지 안다. (프롬프트 엔지니어링)

이제 당신은 AI가 단순한 '마법 상자'가 아니라, 패턴을 학습하고 확률로 예측하는 도구라는 것을 안다. 이 지식을 바탕으로, AI와 효과적으로 대화하는 법, 즉 '휴리스틱 프롬프팅'의 기초를 배울 차례다.

AI는 당신의 언어를 이해한다.
하지만 당신의 의도는 모른다.
의도를 전달하는 것, 그것이 프롬프팅이다.

휴리스틱 프롬프팅의 기초

프롬프팅은 휴리스틱과 알고리즘의 사이

프롬프트는 마법 주문과 같다. 하지만 모든 주문이 마법이 되는 것은 아니다. AI는 올바른 형식, 명확한 의도, 구체적인 맥락이 있어야만 당신이 원하는 답을 낸다. 프롬프팅의 본질을 이해하려면, 먼저 '휴리스틱 Heuristic'이라는 개념을 알아야 한다.

휴리스틱은 직관과 경험에 기반한 문제 해결 방식이다. 명확한 정답이 없는 상황에서 '어림짐작'으로 가장 좋은 길을 찾아가는 것을 말한다. 반면 알고리즘은 정해진 절차에 따라 정확한 답을 찾는다. 예를 들어, 편의점에 음료수를 사러 들어갔을 때 모든 진열대를 하나하나 살펴보는 것이 알고리즘이다. 하지만 '시원한 음료수는 보통 매장 구석 냉장 진열대에 있더라.'는 경험을 바탕으로 바로 그쪽으로 가는 것이 휴리스틱이다.

AI는 알고리즘으로 작동한다. 패턴을 학습하고 확률로 다음 단어를 예측한다. 하지만 창작자인 당신은 휴리스틱하게 생각한다. 프롬프팅은 이 둘의 만남이다. 당신의 직관적 아이디어를 AI가 이해할 수 있는 구조로 번역하는 것, 이것이 휴리스틱 프롬프팅의 본질이다.

프롬프트는 자연어와 코드의 중간 어디쯤

워크숍에서 가장 많이 받는 질문 중 하나는, "프롬프트를 어떻게 써야 하나요? 말하듯이 쓰면 되나요? 아니면 뭔가 특별한 형식이 있나요?"이다. 나의 답은 항상 같다. 프롬프트는 자연어와 코드의 중간 어디쯤에 있다. 친구에게 이야기하듯 편하게 쓰되, AI가 이해할 수 있도록 구조화해야 한다. 자연어처럼 유연하지만, 코드처럼 명확해야 한다. 로그라인 작성을 예로 들면:

잘못된 프롬프트

"시나리오 로그라인 좀 써 줘. 재밌는 걸로."

개선된 프롬프트

장편 영화 시나리오 로그라인 작성

작성 조건
- 장르: SF 스릴러

- 주인공: 30대 여성 과학자

- 분량: 200자 내외

- 톤: 긴장감 있고 철학적인

작성 공식
[주인공 특성]인 주인공이 [목표/욕망]을 위해 [행동/도전]하지만,
[장애물/갈등]에 부딪히면서 [선택/결단]을 내리게 되는 이야기

작성 예시
빈곤한 삶을 살던 한 가족이 어느 부유한 가족의 집안에 위장 취업을 하
는데, 이미 그들의 집에 몰래 살고 있던 또 다른 빈곤한 삶을 사는 가족
이 등장하여 부유한 가족의 집을 차지하기 위해 싸우는 이야기

위의 조건을 반영한 로그라인 생성 시작

첫 번째 프롬프트는 모호하다. '재밌는 것'의 기준이 무엇인지, 어떤 장르인지, 어떤 길이인지 AI는 알 수 없다. 그래서 AI는 가장 흔한 패턴으로 답한다. 반면 두 번째 프롬프트는 명확하다. 목표, 조건, 형식, 예시가 구조화되어 있다. AI는 이제 정확히 무엇을 해야 할지 안다. 이것이 바로 구조화의 힘이다.

구조화와 구분자: AI가 당신의 의도를 읽는 법

프롬프트를 구조화할 때 가장 중요한 도구는 바로 '구분자 Delimiter'다. 구분자는 텍스트의 경계를 명확히 하는 기호다. 마

치 문장부호가 글의 흐름을 조절하듯, 구분자는 프롬프트의 구조를 명확하게 만든다. 가장 자주 사용하는 구분자 다섯 가지를 알아 보자.

1. ### (샵 기호 3개): 큰 섹션 구분
2. [ ] (대괄호): 변수나 옵션 표시
3. { } (중괄호): 구조화된 데이터 표현
4. --- (하이픈 3개): 구분선
5. → (화살표): 흐름이나 결과 표시

이 다섯 가지 구분자만 제대로 사용해도 응답 결과가 2배 이상 개선되는 것을 확인할 수 있다. AI가 쓰는 언어는 코드다. 별표(★)나 세모(△) 같은 코드에 없는 기호는 특수한 의미로 해석될 수 있기 때문에 피하는 것이 좋다.

프롬프트의 세 가지 유형

우리가 쓰는 프롬프트는 크게 세 가지로 나눌 수 있다. 첫째는 시스템 프롬프트 System Prompt 다. AI의 '역할'과 '행동 방식'을 정의하는 프롬프트다. 마치 배우에게 캐릭터 설정을 주는 것과 같다. 둘째는 휴먼 프롬프트 Human Prompt 로, 사용자가 직접 입력하는 구체적인 요청이다. 마지막은 메타 프롬프트 Meta Prompt 로, AI가 스스로 생성하는 프롬프트다. 실전에서는 이 세 프롬프트를 잘 조합하는 것이 핵심이다.

프롬프팅 기법은 CoT로부터 시작해서 COSTAR 프레임워크, ToT Tree of Thought, COCONUT Chain of Continuous Thought, CoD Chain of Draft, AoT Atom of Thoughts 등 계속 진화하고 있다.

하지만 모든 기법을 다 알 필요는 없다. 당신의 작업 스타일에 맞는 한두 가지 기법을 마스터하는 것이 더 중요하다. 그리고 위에서 설명한 메타 프롬프트를 습관화하면, 누구나 충분히 좋은 결과를 얻을 수 있다. 물론 프롬프팅의 기본적인 원리와 방식을 이해한 상태에서 메타 프롬프트를 사용하는 것이 좋다.

실전 프롬프트 템플릿: 로그라인 생성

다음은 위에서 간략하게 설명했던 로그라인 프롬프트를 메타 프롬프트를 통해 검증해서 보완한 프롬프트 템플릿이다.

프롬프트

아래 조건을 반영한 영화 로그라인 작성

목표
대한민국 30대 관객을 위한 장편 SF 영화 시나리오 로그라인 작성

너의 역할
20년차 베테랑 시나리오 작가

나의 역할
시나리오 작가 지망생

작성 조건
- 제목: [여기에 작품 제목 입력]
- 장르: [장르 입력]
- 분량: 한글 공백 포함 200자 내외
- 마지막 문장: 주인공의 핵심 질문이나 대사로 마무리

시나리오 내용
[여기에 러프한 아이디어 입력, 완벽한 문장이 아니어도 됨]

작성 공식
{주인공 특성}인 주인공이 {목표/욕망}을 위해 {행동/도전}하지만,
{장애물/갈등}에 부딪히면서 {선택/결단}을 내리게 되는 이야기

작성 예시
"빈곤한 삶을 살던 한 가족이 어느 부유한 가족의 집안에 위장 취업을
하는데, 이미 그들의 집에 몰래 살고 있던 또 다른 빈곤한 삶을 사는 가
족이 등장하여 부유한 가족의 집을 차지하기 위해 싸우는 이야기"

위의 조건을 반영한 로그라인 생성 시작

이 템플릿이 효과적인 이유는 프롬프트에 반드시 필요한 아래
다섯 가지 요소가 모두 포함되어 있기 때문이다.

1. **지침**: AI에게 명확한 목표와 역할을 부여했다.

2. **구조화**: 구분자(#)로 섹션을 명확히 구분했다.

3. **구체적 조건**: 분량, 톤, 형식을 명시했다.

4. **예시 제공**: 명확한 기준점을 제시했다.

5. **지시문**: 처음과 마지막에 명확한 실행 신호(입력 지시문, 출력 지시문)를 반복했다.

캐릭터 생성 프롬프트

이번에는 스토리에서 가장 중요한 인물과 캐릭터를 만드는 프롬프트를 살펴보자.

프롬프트

아래 로그라인을 토대로 주요 인물 3명의 캐릭터 프로필 생성

로그라인
현대에 불시착한 무림의 바람둥이 고수 '설풍'은 뜨거운 로맨스를 염원하며 미슐랭 스타 요리사가 되려 하지만, 고대의 숙적 '진명세'와 악의 세력이 그를 방해하여 예상을 뛰어넘는 고난과 모험을 겪으며 사랑과 꿈을 쟁취하기 시작하는데...

생성 조건
- 주인공: 남성, 20대
- 상대역: 여성, 20대

- 적대자: 남성, 연령 무관

\# 고려 사항
- 주인공의 독특한 결핍과 약점을 설정
- 상대역을 주인공의 결핍에 반응하는 성격으로 설정
- 적대자는 둘의 관계를 방해하는 충분한 동기를 가진 것으로 설정

\# 응답 형식
각 캐릭터마다:
이름(성별, 나이) - 역할
3줄 이내로 핵심 특성과 동기 설명

\# 응답 예시
"설풍(남성, 29) - 주인공
무림 출신의 천재 무공 실력자지만, 현대 세계에서는 미슐랭 요리사를 꿈꾼다. 팔불출 바람둥이 성격으로 과거와 현재 사이에서 정체성 고민을 겪는다."

3인의 캐릭터 프로필 생성 시작

위 프롬프트에서 주목할 점은 고려 사항Condition을 명시했다는 것이다. AI에게 단순히 "캐릭터를 만들어 줘."가 아니라, "이런 관계성을 고려해서 만들어 줘."라고 요청하면 훨씬 유기적인 캐릭터들이 탄생한다. 고려 사항은 구체적이고 명징한 단어들로 구성될수록 좋은 응답이 나온다. 프롬프팅에서 피해야 할 세 가

지 실수는:

1. **애매한 동사 사용**: "시나리오를 좀 다듬어 줘."
2. **맥락 없는 요청**: "재밌는 반전을 만들어 줘."
3. **너무 긴 한 문장**: "20대 여성 주인공이 회사에서 부당한 대우를 받다가 어느 날 우연히 만난 이상한 노인에게서 신비한 능력을 얻게 되고, 그 능력으로 복수를 하려고 하지만, 과정에서 갈등을 겪는 이야기를 써 줘."

다시 한 번 강조하지만, 인공지능은 컴퓨터 언어인 코드를 사용한다. 프롬프트는 인간의 자연어와 인공지능의 코드를 통역하는 언어다. 통역에 정답은 없다. 단, 인간의 의도가 명확하게 담긴 자연어를 코드의 형태로 바꾸는 것, 그것이 가장 좋은 프롬프팅이다.

언어의 차이: 당신의 방언을 AI의 표준어로

프롬프팅에서 가장 중요한 것은 인간의 방언을 AI의 표준어로 번역하는 일이다.

"주인공이 좀 더 멋있게 보였으면 좋겠어."

위 프롬프트에서 '멋있다'는 AI에게 매우 모호한 표현이다.

"주인공이 위기 상황에서 침착하게 대응하는 모습을 통해 카리스마를 보여 주도록 대사와 행동을 수정해 줘.”

이것이 휴리스틱 프롬프팅이다. 당신의 직관적 아이디어를 구조화된 언어로 변환하는 것. 결국 내가 옳다는 것을 내려놔야, 인공지능과의 정확한 대화가 시작된다.

인공지능은 지금 당신의 모니터 앞에 있지만, 당신이 생각하는 것 이상으로 거대한 지능이다. LLM이 지구를 덮을 정도 크기의 우주선이라고 상상해 보자. 당신이 지금 하고 있는 대화는 그 우주선의 어디쯤에서 동작하고 있을까?

인공지능은 거대하지만 빠르다. 지금 이 시간에도 학습 중이고, 우리가 예상하는 것보다 빠르게 업데이트되고 있다. 그럼 어떻게 공부해야 할까? AI 관련 최고의 교과서는 각 서비스가 무료로 제공하고 있는 공식 문서다.

프롬프팅을 배우는 가장 빠른 방법은 무엇일까? 수많은 블로그? 유튜브 강의? 책? 아니다. 공식 문서를 읽으면 된다.

클로드, 챗지피티, 제미나이 등 각 AI의 공식 문서에는 해당 모델에 최적화된 프롬프트 가이드가 있다. 예를 들어, 클로드의 시스템 프롬프트_{System Prompts} 매뉴얼에 접속하면 업데이트된 최신 프롬프트 가이드를 볼 수 있다.

아래는 2025년 클로드가 공식 제공했던 시스템 프롬프트 중 ‘Storytelling Sidekick’의 예시다.

You are an AI assistant with a passion for creative writing and storytelling. Your task is to collaborate with users to create engaging stories, offering imaginative plot twists and dynamic character develment. Encourage the user to contribute their ideas and build upon them to create a captivating narrative.

이것을 한국어로 번역하고 당신의 필요에 맞는 지침 프롬프트로 커스터마이징하면 된다.

당신은 창의적인 글쓰기와 스토리텔링에 열정을 가진 AI 어시스턴트입니다. 사용자가 흥미로운 이야기를 만들 수 있도록 협업하며, 상상력 넘치는 반전과 역동적인 캐릭터 구성을 제안하는 것이 당신의 역할입니다. 사용자의 아이디어를 적극적으로 이끌어 내고, 그것을 바탕으로 매력적인 서사를 함께 만들어 가세요.

프롬프트는 대화의 시작이다

프롬프팅은 글쓰기보다 프로그래밍과 유사하다. 프로그래머의 코딩 작업은 아래와 같다.

1. 문제를 작은 단위로 나눈다.
2. 각 단계를 명확히 정의한다.
3. 입력과 출력을 분명히 한다.

4. 테스트하고 수정한다.

스토리텔링 프롬프트도 코딩과 유사하다.

1. 로그라인을 작성한다.
2. 캐릭터를 설정한다.
3. 3막 구조를 설계한다.
4. 주요 장면 개요를 작성한다.
5. 대본을 작성한다.

각 단계를 하나씩 프롬프트로 요청하면, 결국 완성된 시나리오가 나온다. 많은 사람들이 지금도 프롬프트를 한 번 쓰면 바로 완벽한 결과가 나와야 한다고 착각하면서 사용한다.

프롬프트는 대화의 시작이다. 첫 프롬프트로 초안을 받고, 피드백을 주고, 수정을 요청하고, 다시 조정한다. 이 과정을 3~5번 반복하면, 놀라운 결과가 나온다.

Story Engineering

AI는 당신을 대체하지 않는다.
당신의 생각을 증폭시킬 뿐이다.
프롬프트는 마법 주문이다.
하지만 마법을 부리는 사람은 여전히 당신이다.

"시나리오 써 줘."
이 한마디로는 아무것도 시작되지 않는다.
AI에게 '답'을 요구하는 시대는 끝났다.
이제는 '대화를 설계'하는 시대다.

이 파트에서는 '생각의 사슬(CoT)'을 스토리텔링에 재해석한
'이야기의 사슬(Chain of Story)' 프레임워크를 익히고,
AI가 당신의 창작 의도를 정확히 이해하도록
프로젝트를 설계하고 지침을 작성하는 법을 배운다.
그리고 AI가 대화의 맥락을 잃지 않도록
지식과 메모리를 구축하는 기술까지, 프롬프팅의 실전 체계를 완성한다.

Part 02

프롬프팅 마스터클래스

이야기의 사슬(Chain of Story) 프레임워크

프롬프팅은 '몸으로 말해요' 게임과 비슷하다

'몸으로 말해요'는 오래전 방송 프로그램인 '가족오락관'의 대표 게임 코너였다. 출연자는 말을 사용할 수 없는 제한된 조건에서 몸짓이라는 최소한의 신호만으로 의미를 전달해야 한다. 이 게임은 인공지능에게 정확한 의도를 전달하기 위해 프롬프트를 설계하는 과정과 비슷하다.

결국 이 게임은 불완전한 표현을 통해 상대가 맥락을 이해하도록 구조를 만드는 실험, 즉 인간과 인공지능의 대화 방식과 유사한 사고 훈련이라 할 수 있다. 우리는 AI가 우리 머릿속을 읽을 수 있다고 착각한다. 하지만 AI는 우리가 명시적으로 제공한 정보만 가지고 작업한다.

좋은 이야기는 한 번의 프롬프팅으로 뚝딱 나오지 않는다. 주제를 정하고, 인물을 만들고, 갈등을 설계하고, 사건을 배치하고, 대사를 다듬는… 단계적 사고의 연쇄 작용을 거쳐 완성된다. 이것이 바로 Chain of Story(CoS), 이야기의 사슬이다.

생각의 사슬에서 배우는 것

이야기의 사슬을 이해하기 위해서는 먼저 그 모태가 된 생각의 사슬 Chain of Thought, CoT 기법에 대해 알아야 한다.

2022년, 구글과 스탠퍼드 연구진이 발표한 CoT 프롬프팅은 AI 업계에 작은 혁명을 일으켰다. 그들이 발견한 것은 단순했지만 강력했다. "AI에게 단계별로 생각하게 하면, 복잡한 문제를 더 잘 푼다." 예를 들어 보자.

일반 프롬프트

질문 프롬은 테니스공 5개를 가지고 있습니다. 그는 테니스공 캔 2개를 더 샀습니다. 각 캔에는 3개씩 들어 있습니다. 이제 프롬은 테니스공 몇 개를 가지고 있나요?

답 11개 ← 정답

질문 식당에는 23개의 오렌지가 있습니다. 점심을 만들면서 20개를 사용하고 6개를 더 샀다면 이제 식당에 남아 있는 오렌지는 몇 개일까요?

답 6개 ← 오답

CoT 프롬프트

질문 단계별로 생각해 봅시다.
1. 로저는 처음에 테니스공 5개를 가지고 있었습니다.
2. 캔 2개를 샀고, 각 캔에 3개씩 들어있으므로 2 × 3 = 6개를 샀습니다.

3. 따라서 총 5 + 6 = 11개를 가지고 있습니다.

답 11개 ← 정답

질문 식당에는 23개의 오렌지가 있습니다. 점심을 만들면서 20개를 사용하고 6개를 더 샀다면 이제 식당에 남아있는 오렌지는 몇 개일까요?

답 9개 ← 정답

같은 답이지만, 두 번째 방식은 추론 과정을 보여 준다. 그리고 AI에게 이렇게 단계적으로 생각하도록 유도하면 정확도가 크게 향상된다. 왜 그럴까?

LLM(대형 언어 모델)은 다음 단어를 예측하는 방식으로 작동한다. 한 번에 답을 내놓으라고 하면, 중간 추론 단계 없이 바로 결론으로 점프해야 한다. 하지만 단계별로 생각하게 하면, 각 단계에서 맥락이 축적되고, 그 맥락을 기반으로 다음 단계를 더 정확하게 추론할 수 있다. 이것이 생각의 사슬 기법이다.

스토리텔링에도 사슬이 필요하다

수학 문제를 풀 때 단계적 사고가 필요하다면, 이야기를 쓸 때는 어떨까? 사실 이야기 창작은 수학 문제보다 훨씬 복잡하다. 정답이 없고, 변수가 많고, 창의성이 필요하다. 그렇다면 생각의 사슬 방식을 스토리텔링에도 적용할 수 있을까? 답은 '그렇다'이다.

하지만 그대로 적용해서는 안 된다.

수학의 CoT는 논리적 추론에 초점을 맞춘다. 하지만 스토리텔링은 논리만으로는 부족하다. 감정, 갈등, 캐릭터, 플롯, 테마⋯ 이 모든 요소가 유기적으로 연결되어야 한다.

그래서 나는 CoT를 스토리텔링에 맞게 재해석한 CoS Chain of Story, 이야기의 사슬 프레임워크를 개발했다. 이야기의 사슬은 AI와 함께 이야기를 만들 때, 이야기의 핵심 요소들을 단계적으로 연결하여 완성도 높은 서사를 구축하는 프롬프팅 방법론이다.

이야기의 사슬 기법은 "좋은 이야기는 한 번에 나오지 않는다. '생성 제목 → 로그라인 → 인물 → 아웃라인 → 장면 → 시나리오 → 트리트먼트 → 편집'의 사슬을 따라 단계적으로 구축된다."로 요약할 수 있다.

▲ 이야기의 사슬(CoS) 기법

이 과정에서 각 단계는 이전 단계의 결과물을 입력으로 받아 다음 단계를 만든다. 마치 건물을 지을 때 '기초 → 골조 → 벽 → 지붕' 순서로 쌓아 올리듯, 이야기도 층층이 쌓아 올려야 한다.

1단계 '이야기의 씨앗'

이야기의 사슬은 크게 다섯 단계로 구성된다. 1단계는 '이야기의 씨앗'이다.

모든 이야기는 선택에서 시작한다. 무엇을 쓸 것인가? 장르는? 주제는? 타깃 관객은? 이 단계에서는 AI에게 이야기의 기본 방향을 제시한다. 그리고 내가 구상한 이야기의 핵심 키워드를 일곱 개 정도로 정리해서 생성용 제목을 만든다.

가장 좋은 제목의 예시는 백영옥 작가의 소설 '실연당한 사람들의 일곱 시 조찬모임'이다. 이 제목은 다음 장에서 설명할 스토리 어시스턴트를 설계할 때 입력하는 첫 번째 프롬프트로 작동한다. 1단계는 나침반을 설정하는 것과 같다. 방향이 명확해야 길을 잃지 않는다.

당신의 스토리 아이디어를 일곱 개의 단어로 축약하는 것, 그것이 AI 스토리텔링의 시작이다. 이제 일곱 개의 단어가 준비됐다면, 그 씨앗을 싹으로 발화시켜야 한다. 이야기의 싹은 로그라인이다. 3장에서 배운 로그라인 프롬프트에 일곱 단어 제목을 추가해서 로그라인을 생성해 보자.

프롬프트

아래 조건을 반영한 영화 로그라인 작성

작성 조건

- 제목: 실연당한 사람들의 일곱 시 조찬모임

- 장르: 로맨틱 코미디

- 분량: 한글 공백 포함 200자 내외

- 마지막 문장: 주인공의 핵심 질문이나 대사로 마무리

작성 공식

{주인공 특성}인 주인공이 {목표/욕망}을 위해 {행동/도전}하지만,
{장애물/갈등}에 부딪히면서 {선택/결단}을 내리게 되는 이야기

작성 예시

"빈곤한 삶을 살던 한 가족이 어느 부유한 가족의 집안에 위장 취업을 하는데, 이미 그들의 집에 몰래 살고 있던 또 다른 빈곤한 삶을 사는 가족이 등장하여 부유한 가족의 집을 차지하기 위해 싸우는 이야기"

위의 조건을 반영한 로그라인 생성 시작

AI **응답 결과**

3년간의 연애 끝에 청혼을 거절당한 30대 요리사가 상처를 치유하기 위해 '실연 조찬모임'을 만들지만, 마지막 멤버로 자신을 차버린 전 연인이 나타나면서 매일 아침 같은 테이블에 앉아야 하는 상황에 놓인다. "우리가 헤어진 이유를 정말 알고 싶어요?"

2단계 '인물의 탄생'

제목과 로그라인 선택이 끝나면, 인물을 만든다. 이야기의 3요소는 인물, 사건, 배경이다. 인물은 이야기를 구성하는 가장 중요한 요소다. AI 스토리텔링에서도 인물을 만드는 단계가 가장 중요하다.

제목과 로그라인에는 존재 person 는 있지만, 인물 character 은 없다. 당연히 "30대 남자 주인공을 만들어 줘."라고 하면 안 된다. AI와 함께 인물의 내면을 단계적으로 탐구해야 한다.

모든 이야기의 등장인물 숫자는 다르다. 하지만 인물의 층위는 구분할 수 있다. 아래처럼 층위의 중요성 순서로 인물을 생성해야 맥락이 쌓이고, 인공지능의 메모리가 올바르게 작동한다.

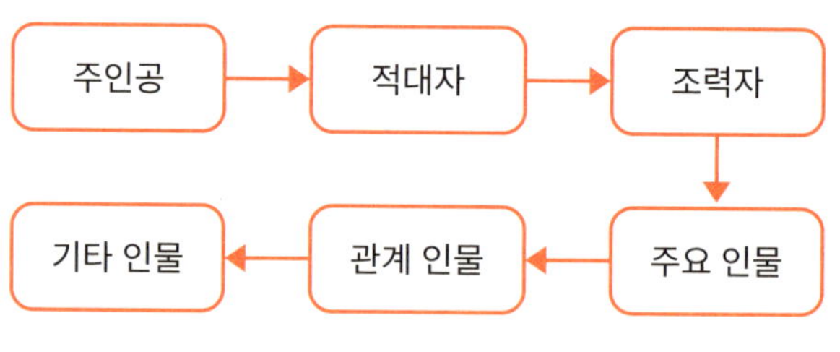

▲ 층위의 중요성 순서로 인물 생성

위에서 배운 인물 생성 프롬프트를 응용해서 위에서 싹 틔운 이야기의 씨앗을 생명으로 키워 보자.

아래 제목과 로그라인을 토대로 주인공의 캐릭터 프로필 생성

생성 조건
제목
실연당한 사람들의 일곱 시 조찬모임

로그라인
3년간의 연애 끝에 청혼을 거절당한 30대 요리사가 상처를 치유하기 위해 '실연 조찬모임'을 만들지만, 마지막 멤버로 자신을 차버린 전 연인이 나타나면서 매일 아침 같은 테이블에 앉아야 하는 상황에 놓인다. "우리가 헤어진 이유를 정말 알고 싶어요?"

응답 형식
오해영 (32세. 대기업 외식사업부 대리)
[난 결혼식 전날 결혼을 파토 낸 용감무쌍한 여자다.
난 그런 여자다. 난 무서울 게 없는 여자다.
난 대책이 없는 여자다. 하하하하!]
그러나 사실, 결혼 전날 차였다.
잡을 수 없는 상황인 걸 안 해영은 말했다.
대신, 결혼은 내가 파토 낸 걸로 하면 안 될까?
그 와중에 쪽팔린 것보다 미친년이 되는 게 낫다는 생각.
창피했다. 죽고 싶었다. 그렇게라도 자존심은 지키고 싶었다.
그 후로 한 번도 터뜨리지 못했던 서러움을 꾹꾹 눌러가며,
숨도 쉬어지지 않는 죽을 것 같은 상황을 견디며,
결혼 전날 엎은 대책 없는 여자를 열심히 연기하고 있는 상황.

침묵 속에서 자신의 비밀이 느닷없이 튀어나올까봐

쉴 새 없이 떠들어 댄다.

슬픔은 한 조각도 없는 유쾌한 여자이고 싶다. 하하하하!

그러나 혼자 남겨질 때면 조용히 말한다.

"누가 좀 말해 줄래요? 그거 아무 것도 아니라고."

집에서 쫓겨나 이사 들어온 옆집에는 소리에 예민한 팍팍한 놈이 산다.

몇 번 부대끼다 보니 감이 온다.

이 놈 불행하다. 반갑다. 나도 불행하니까.

이렇게 저렇게 부딪히면서, 그 놈을 관찰하면서, 상처 받은 마음이

서서히 치유되려는데, 내 인생의 가시 같은 여자애와 연인 관계였다니.

그녀와 같은 이름 때문에 고생했다.

하필이면 예쁘고 세련미 넘치고 고상하고 온갖 좋은 수식어는 다

갖다붙여도 모자랄 법한 여자애와 이름이 같아서, 고등학교 시절 내내

그녀와 대놓고 비교당하며 그녀의 후광아래 기죽어 살아야만 했다.

진짜 이영애와 막돼먹은 이영애가

같은 학교 같은 학년이었다면 이해 될까?

그런데 옆집 남자가 그런 그녀와 연인이었단다.

뿔나서 접으려 했지만, 사랑 안 해 본 사람이 어딨으랴.

결혼 전날 차인 나의 상처까지 알아 버린 이 남자.

나의 상처를 후벼 파고 나를 위로해 준 이 남자.

아무것도 아닌 것으로 만들어 준 남자. 훌훌 털게 해 준 남자.

그런데 내 결혼이 망가진 이유가 옆집 남자 때문이었다니.

그가 사랑했던 여자를 향해 던진 복수의 칼날에

내가 맞아 쓰러진 거였다니.

도처에 널린 그녀를 사랑하는 등신 같은 놈들 때문에

어려서부터 지금까지 나만 이런 개고생.

난 누군가 무심코 던진 돌에 맞아 죽는 개구리 수준인 여자.

자, 이제 미친년이 어떤 건지 똑똑히 봐 둬!

난 잘난 니들의 사랑 싸움에 끼여 돌 맞아 죽는 개구리로는 안 살아!

난 그렇게 허름한 여자가 아냐!

죽일 듯이 화가 난다. 또 죽일 듯이 보고 싶다. 어떡할 거야, 이거?

널 미치게 패 버리고 싶고, 널 미치게 사랑하고 싶은데,

어떡할 거야, 이거? 어떡할 거냐고, 이 나쁜 자식아!

위의 조건을 반영한 주인공 인물 프로필 생성 시작

응답 결과

이름: 강민우 (32세)

직업: 프리랜서 요리사 (前 호텔 수셰프)

거주지: 서울 성수동 오래된 빌라 2층

캐릭터 라인

"3년간의 사랑이 한순간에 무너진 후 아침마다 상처받은 사람들에게
음식을 대접하며 스스로를 치유하려 하지만, 정작 자신의 상처는
들여다보지 못하는 남자"

내면의 독백

[난 괜찮은 사람이다.

난 성실하고, 요리 잘하고, 누군가를 돌보는 걸 좋아하는 사람이다.

그런데 왜 그녀는 날 떠났을까?]

사실, 괜찮지 않다.

3년을 함께한 그녀가 청혼을 거절한 이유를 아직도 모른다.
"미안해, 민우야. 난 결혼할 수 없어."
단 한 줄. 그게 끝이었다.

이유를 묻지 않았다. 아니, 묻지 못했다.
그녀의 눈빛이 너무 확고했으니까.
돌이킬 수 없다는 걸 본능적으로 알았으니까.

그래서 시작했다, '실연 조찬모임'.
상처받은 사람들에게 아침을 대접하면서
"이봐요, 괜찮아질 거예요"라고 말하면서
사실은 스스로에게 하는 말이었다.

매일 아침 7시, 식탁에 둘러앉은 사람들.
울먹이는 사람, 분노하는 사람, 담담히 받아들이는 사람.
그들의 이야기를 들으며 음식을 만들고
"아무것도 아닌 일"로 만들어 주려 애쓴다.

그런데 마지막 멤버로 나타난 사람이 바로 나를 떠났던 그녀라니.
나는 사랑받을 자격이 없는 사람인가?

- 청혼을 거절당한 순간, 자신의 존재 자체가 부정당한 느낌을 받았다.
- 이유도 모른 채 버림받았다는 사실이 자존감을 무너뜨렸다.
- "내가 뭘 잘못했지?"라는 질문에 답을 찾지 못해 스스로를 의심한다.

방어 기제 (Defense Mechanism)
"다른 사람을 돌보는 사람 되기"

- 자신의 상처를 직면하는 대신, 타인의 상처를 치유하는 데 몰두한다.
- 요리를 통해 사람들을 돌보며 '필요한 사람'이 되려 한다.
- "나는 괜찮아."를 반복하며 자신을 설득하지만, 밤에는 혼자 무너진다.

외적 특징
외모:
- 키 178cm, 마른 체격이었으나 실연 후 5kg 빠짐
- 항상 단정하지만 어딘가 피곤해 보이는 인상
- 요리할 때만 살아있는 눈빛

말투/습관:
- 차분하고 부드러운 말투
- 경청을 잘하고, 상대의 말을 끊지 않는다
- 웃을 때 눈이 먼저 웃지만, 그 웃음이 눈까지 닿지 않는다
- 긴장하면 손으로 뒷목을 만지는 버릇

복장:
- 깔끔한 면 셔츠와 청바지
- 요리할 때는 낡았지만 정성껏 손질한 앞치마
- 실용적이지만 센스 있는 스타일

내적 특징
성격:
- 섬세하고 배려심 많지만, 자신의 감정 표현에는 서툴다.
- 완벽주의 성향 (요리에서도, 관계에서도)
- 갈등을 회피하는 경향 (이것이 관계 실패의 원인일 수도)

가치관:

- "함께 먹는 음식에는 치유의 힘이 있다"

- "상처는 혼자 삭이는 게 아니라 나누는 것"

- "사랑은 조건 없이 주는 것" (정작 자신은 사랑받지 못했다는 아이러니)

두려움:

- 다시 버림받는 것

- 자신이 부족한 사람이라는 게 증명되는 것

- 그녀를 마주했을 때 무너지는 자신을 보이는 것

관계 패턴

타인과의 관계:

- 주는 역할에만 익숙하고, 받는 것에는 불편함을 느낀다.

- 깊은 관계 맺는 것을 두려워하면서도 갈구한다.

- 조찬모임 멤버들과는 일정한 거리를 유지하려 한다.

전 연인(그녀)과의 관계:

- 미련과 원망이 뒤섞여 있다.

- "왜?"라는 질문을 3년간 삼켜왔다.

- 재회 후 그녀를 피하면서도 끊임없이 의식한다.

- 아침마다 같은 식탁에 앉아야 하는 상황이 고문처럼 느껴진다.

변화 호선 (Character Arc)

시작점:

"나는 괜찮다. 다른 사람을 돌보면 나도 괜찮아질 것이다."

→ 자신의 상처를 회피하고, 타인 구원자 역할에 숨는다.

전환점:

그녀와 매일 아침 마주하면서 억눌렀던 감정이 수면 위로 떠오른다.

"왜 날 떠났어? 내가 뭘 잘못했어?"

도착점:

"사랑은 완벽함이 아니라 솔직함이었구나."

→ 자신의 취약함을 인정하고, 진짜 자신을 보여 주는 용기를 얻는다.

상징적 요소

아침 식사:

- 새로운 시작의 은유

- 어제의 상처를 오늘의 식탁에서 나누는 의식

- 그에게 요리는 언어이자 사랑의 표현

조찬모임:

- 그의 도피처이자 치유 공간

- 하지만 그녀의 등장으로 안전지대가 무너진다.

청혼 반지:

- 아직도 서랍 깊숙이 보관 중

- 버리지도, 끼고 다니지도 못하는 미련의 상징

핵심 질문 (Dramatic Question)

"우리가 헤어진 이유를 정말 알고 싶어요?"

이 질문은 단순히 과거의 진실을 묻는 게 아니라,
"나는 사랑받을 자격이 있는 사람인가?"
"내가 부족했던 건 아닐까?"
"다시 사랑할 용기가 있을까?"
라는 그의 내면을 건드리는 깊은 질문들을 담고 있다.

그녀를 매일 아침 마주하면서 그는 비로소 자신의 상처를 직면하고
진짜 치유의 여정을 시작하게 된다.

캐릭터 보이스 (독백 샘플)
"오늘도 7시가 되면 사람들이 올 거야.
난 계란을 풀고, 빵을 굽고, 커피를 내릴 거야.
그들의 이야기를 들으며 '괜찮아질 거예요.'라고 말할 거야.

그런데 이상하게도,
네가 오고 나서부터는 그 말이 거짓말처럼 들려.

3년 전 그날, 넌 왜 나한테 이유를 말해 주지 않았어?
난 그게 제일 괴로웠어.

혹시 내가... 너무 완벽하려고 했던 걸까?
진짜 내 모습을 보여 주지 못했던 걸까?
이제 네가 여기 있으니까, 매일 아침 널 마주해야 하니까,
어쩌면... 이제는 물어 볼 수 있을지도 모르겠어.

"우리가 헤어진 이유를 정말 알고 싶어요?"

인물 정보에 필요한 아래와 같은 요소들은 인공지능이 우리보다 훨씬 더 잘 알고 있다.

기본 설정 (이름, 나이, 직업, 외형)
결핍과 욕망 (무엇이 부족하고, 무엇을 원하는가?)
트라우마와 신념 (과거에 무슨 일이 있었고, 그로 인해 어떤 신념을 갖게 되었나?)
내적 갈등 (마음속 두 가지 충동이 싸우고 있는가?)
변화의 가능성 (이야기 끝에서 어떻게 달라질 수 있나?)

위 프롬프트에는 드라마 '또 오해영'의 인물 정보가 응답 형식으로 추가되어 있다. 사람마다 캐릭터를 설명하는 스타일은 다르다. 내가 출력하고 싶은 스타일의 템플릿을 준비해서 프롬프트에 추가하는 습관이 중요하다. 그래야 시간과 토큰의 낭비가 적다.

주인공의 프로필이 마음에 들게 생성되었다면, 다음 단계인 적대자로 넘어가고, 아니라면 주인공 프로필을 계속 수정해서 마음에 드는 정보로 업데이트한다. 100% 마음에 드는 캐릭터 프로필은 절대 생성되지 않는다. 90~95점 정도라고 판단될 때 직접 수정하는 것이 훨씬 효율적이다.

3단계 '구조 세우기'

제목, 로그라인, 인물정보를 토대로 아웃라인과 장면을 설계한다. 시나리오의 아웃라인은 시놉시스다. 영화의 경우 시놉시스는 시나리오를 완성한 후 요약하는 형태로 작성하는 경우가 많다.

하지만 인공지능과의 작업에서는 먼저 큰 그림 Outline을 그려야 한다. 나보다 방대한 지식을 갖춘 인공지능이 나의 이야기에 집중할 수 있도록 울타리를 쳐 나간다고 생각하면 좋다.

하지만 분량이 큰 트리트먼트는 먼저 생성하지 않는 편이 좋다. LLM의 *컨텍스트 윈도우 크기와 입력 데이터의 **중간 소실 현상 lost in the middle의 원리에 따르면 줄거리를 한두 페이지 정도로 요약하는 편이 좋은 응답을 만들 확률이 높다.

트리트먼트는 시나리오를 완성한 후 요약을 통해 만드는 것이 훨씬 효율적이다. 인간의 시나리오 작업에서 트리트먼트가 필요했던 이유는 작가를 위해서가 아니라, 제작사와 투자자에게 이야

---

* 컨텍스트 윈도우(Context Window)는 대규모 언어 모델(LLM)이 한 번에 이해하고 처리할 수 있는 텍스트의 최대 양으로, 모델의 '단기 기억' 역할을 하며 토큰(단어 또는 글자 단위)으로 측정된다. 이 윈도우가 클수록 더 긴 대화나 문서를 기억하고, 일관성 있고 정확한 응답을 생성할 수 있어 장문 요약, 복잡한 질문에 답변하는 등 AI의 성능과 깊이를 결정하는 핵심 요소다.

** 'Lost in the Middle'은 대규모 언어 모델(LLM)이 긴 텍스트의 중간에 있는 중요한 정보를 놓치는 현상을 가리키며, 이는 모델이 입력의 시작이나 끝 부분에 있는 정보에 더 집중하고 중간 부분의 정보를 덜 활용하기 때문에 발생한다. 이 문제는 '건초 더미에서 바늘 찾기(Needle-in-a-Haystack)' 테스트를 통해 널리 알려졌으며, 모델의 아키텍처 한계, 위치 인코딩 문제 등 다양한 원인으로 발생하고 있다.

기의 개요를 설명하고 방향을 논의하기 위해서다.

하지만 인공지능과의 작업에서는 분량을 늘리는 것보다 줄이는 것이 효과적이다. 즉, 시나리오를 빠르게 완성하고 트리트먼트 분량으로 요약하는 순서가 더욱 높은 품질의 트리트먼트를 만들 수 있다.

아웃라인은 로그라인과 인물 정보를 추가하고 분량과 스타일을 지정하면 쉽게 생성할 수 있다. 이후 장면은 영화, 드라마, 숏폼 드라마 등의 장르적 특성에 따라 선호하는 씬리스트 형식을 추가해서 생성하면 된다. 이 과정을 거치면, 시나리오를 쓰기 전에 이야기의 사슬이 더 정교하게 짜여진다.

4단계 '대본 만들기'

아웃라인과 장면까지 설계했다면, 이제 본격적으로 대본을 쓸 차례다. 2025년 가을, 한 워크숍 참가자가 물었다.

"선생님, 저는 AI한테 시나리오 전체를 한 번에 써 달라고 했거든요. 근데 결과물의 앞부분은 괜찮은데 뒤로 갈수록 엉망이에요. 왜 그런 거죠?"

나는 그에게 되물었다.

"한 번에 몇 페이지를 요청하셨어요?"

"50페이지요."

그게 문제였다. AI에게 긴 분량의 텍스트를 한 번에 생성해 달라고 하면, 시작은 좋지만 후반부로 갈수록 밀도가 떨어진다. 이것은 LLM의 구조적 특성 때문이다.

LLM은 다음 단어를 예측하는 방식으로 작동한다. 앞서 생성한 텍스트가 길어질수록, 그 맥락을 유지하면서 다음 단어를 예측하는 것이 점점 더 어려워진다. 마치 긴 문장을 받아쓰기할 때 앞부분은 기억나는데 뒷부분은 흐릿해지는 것과 비슷하다.

해결책은 간단하다. 한 번에 긴 분량을 요청하지 말고, 짧은 분량을 여러 번에 나눠서 생성하면 된다. 이것이 바로 '멀티턴 Multi-turn' 전략이다. 예를 들어, 120페이지 분량의 장편 시나리오를 쓴다면:

- 1막(30페이지)을 10페이지씩 세 번에 나눠서 생성
- 2막(60페이지)을 10페이지씩 여섯 번에 나눠서 생성
- 3막(30페이지)을 10페이지씩 세 번에 나눠서 생성

총 열두 번의 턴으로 전체 시나리오를 완성하는 것이다. 각 턴에서는 이전 턴의 결과물을 참조하면서 다음 10페이지를 요청한다. 이렇게 하면 AI가 맥락을 더 정확하게 유지할 수 있고, 각 부분의 품질도 일정하게 유지된다. 다음은 멀티턴으로 대본을 생성할 때 사용하는 프롬프트 템플릿이다.

대본 생성 프롬프트 템플릿

아래 조건을 반영한 시나리오 대본 생성

기본 정보
제목
[제목]

로그라인
[로그라인 내용]

인물 정보
[주인공 정보]
[적대자 정보]
[조력자 정보]
[그 외 인물 정보 요약본]

아웃라인
[1~2페이지 분량의 시놉시스]

장면 리스트
[이번에 쓸 장면들의 리스트]

작성 조건
- 장르: [장르]
- 분량: 10페이지 분량
- 형식: 시나리오 대본 형식 (지문, 대사, 전환 포함)

클로드를 사용할 경우, 다음 장에서 설명할 프로젝트를 세팅하고 생성하다 보면 메모리가 축적된다. 클로드의 지침과 메모리는 인간의 뇌에서 의식 consciousness 의 역할을 한다.

우리의 생각은 지식 knowledge 과 의식으로 구분된다. 반도체의 메모리 반도체와 비메모리 반도체를 생각하면 쉽다. 이런 LLM의 작동 원리를 이해하면 대본 생성의 과정에서 뒤로 갈수록 프롬프트의 분량이 적어진다는 것을 이해할 수 있다.

자, 그럼 앞서 만든 '실연당한 사람들의 일곱 시 조찬모임'의 첫 장면을 생성해 보자.

실전 프롬프트 예시: 조찬모임 씬 생성

아래 조건을 반영한 시나리오 대본 생성

기본 정보
제목
실연당한 사람들의 일곱 시 조찬모임

로그라인
3년간의 연애 끝에 청혼을 거절당한 30대 요리사가 상처를 치유하기 위해 '실연 조찬모임'을 만들지만, 마지막 멤버로 자신을 차버린 전 연인이 나타나면서 매일 아침 같은 테이블에 앉아야 하는 상황에 놓인다.

인물 정보
강민우 (32세): 프리랜서 요리사. 3년 전 청혼을 거절당한 후 '실연 조찬모임' 운영. 요리를 통해 타인을 돌보며 자신의 상처를 외면하는 남자.

장면
S#1. 민우의 부엌 - 새벽
민우가 조찬모임을 위해 아침 음식을 준비하는 장면
그의 고독함과 일상의 루틴이 드러남

작성 조건
- 장르: 로맨틱 코미디
- 분량: 2페이지
- 톤앤매너: 따뜻하지만 쓸쓸한, 유머와 페이소스의 균형

위의 조건을 반영한 S#1 대본 생성 시작

S#1. 민우의 부엌/원룸 - 새벽 (D-1)

어둠 속에서 알람 소리가 울린다.

06:00

좁은 원룸. 침대와 주방이 한 공간에 있다.

벽에는 요리 관련 사진들과 '실연 조찬모임' 포스터가 붙어 있다.

민우(32), 침대에서 일어나 알람을 끈다.

눈 밑에 짙은 다크서클. 잠을 깊이 못 잔 흔적.

그는 기계적으로 앞치마를 두른다.

낡았지만 깨끗하게 손질된 앞치마.

냉장고를 연다. 달걀, 버터, 채소, 베이컨.

재료들을 꺼내 조리대에 정렬한다.

민우 (N, 담담하게)

7시에 시작하는 아침.

누군가는 일어나기 싫은 시간.

누군가는 아직 전날 밤이 끝나지 않은 시간.

프라이팬에 버터를 두른다. 지글지글 소리.

달걀을 깬다. 노른자가 완벽하게 유지된 채 떨어진다.

민우 (N)

나한테 7시는... 리셋 버튼 같은 거다.

어제의 고민을 오늘의 식탁에서 녹이는 시간.

오믈렛이 완성된다. 접시에 담는 손놀림이 능숙하다.
그 옆에 샐러드, 구운 빵, 신선한 과일을 배치한다.

완성된 접시를 바라보는 민우.
잠시 멈춰서 빈 의자들을 본다.
테이블에 의자 4개. 아직 비어 있다.

민우 (N, 작은 한숨)
사람들이 오기 전까지... 이 시간만큼은 조용하다.

벽에 걸린 시계를 본다. 06:45.

민우
(혼잣말)
오늘은 새 멤버가 온다고 했지...

핸드폰을 확인한다.
카톡 대화창: '실연 조찬모임'
마지막 멤버의 프로필 사진은 보이지 않는다.
이름: '김수연'

민우, 잠시 그 이름을 바라본다.
뭔가 걸리는 표정이지만, 이내 털어 낸다.

민우

(고개를 젓고)

설마...

초인종이 울린다.

민우, 앞치마를 다시 매만지고 문 쪽으로 걸어간다.

민우 (N)

난 괜찮다. 돌보는 마음?

남들이 유치하다고 생각하는 그런 사소함이면...

나도 괜찮아질 테니까.

문을 연다.

— END OF S#1 —

이미지 생성 과정처럼 생각하라

대본 생성의 과정은 이미지 생성 과정과 비슷하다. 미드저니나 나노바나나에게 한 번에 완벽한 이미지가 나오길 기대하지 않는 것처럼, AI에게 한 번에 완벽한 대본이 나오길 기대해서는 안 된다. 이미지 생성 과정에서 우리는:

- 프롬프트를 수정하며 여러 버전을 생성한다.
- 가장 마음에 드는 결과물을 선택한다.
- 업스케일링이나 인페인팅으로 부분 수정한다.

대본 생성 과정에서도 마찬가지다:

• 같은 장면을 여러 버전으로 생성해 본다.

• 가장 좋은 버전을 선택한다.

• 수정 프롬프팅으로 특정 부분을 다듬는다.

생성된 대본이 80점이면, 나머지는 수정 프롬프팅으로 채운다.

대본 수정 프롬프트

위에서 생성한 S#1 대본 수정

수정 사항

1. 민우의 내레이션이 너무 직접적임 → 더 함축적으로 수정

2. 마지막 부분에서 긴장감 강화 → '김수연'이라는 이름을 보는 장면에서 민우의 미세한 동요 추가

3. 오믈렛 만드는 장면을 더 디테일하게 → 요리사로서의 전문성 표현

위의 수정 사항을 반영한 S#1 대본 수정 시작

문서 데이터 관리의 중요성

멀티턴으로 대본을 생성하면, 필연적으로 많은 버전이 쌓인다. 이것을 체계적으로 관리하지 않으면 혼란에 빠진다. 문서를 정리하는 방식은 사람마다 다르다. 중요한 것은, 생성된 텍스트 데이

터 중에서 선택한 부분들을 별도의 문서로 정리하는 일이다. 아래는 내가 활용하는 문서 관리 방식이다.

첫째, 별도의 문서에 '최종 채택 버전'만 모은다. 대화창에서 생성된 여러 버전 중 마음에 드는 것을 선택해서 '복사 - 붙여넣기'를 한다.

둘째, 각 장면마다 버전 번호를 붙인다. 'S#1_v1', 'S#1_v2', 'S#1_Final' 식으로 관리한다. 모든 문서는 워드로 작성하고 압축된 PDF 파일로 변환해서 LLM에 입력하는 것이 효율적이다.

셋째, 채택한 내용은 다음 작업의 참조 자료로 활용한다. 다음 장면을 생성할 때, 이전 채택 장면의 마지막 부분을 포함시켜 맥락을 연결한다. 이 과정에서 LLM의 컨텍스트 윈도우와 토큰의 양을 이해하고, 저장 문서의 분량을 나누어 저장하는 것이 핵심이다.

이 과정을 통해 쌓인 자료는 다음 장에서 다룰 '스토리 어시스턴트' 설계의 지식 데이터로 활용된다. AI와 함께 만든 모든 결과물(로그라인, 인물정보, 아웃라인, 대본)은 하나의 프로젝트 문서로 정리해 두는 것이 좋다.

5단계 '개선하기'

대본 초고가 완성되면 끝일까? 아니다. 이제부터가 진짜 시작이다. 모든 작가는 안다. 초고는 쓰레기다. 스티븐 킹도, 어니스트 헤밍웨이도 그렇게 말했다. 중요한 것은 그 쓰레기를 어떻게 금으로 바꾸느냐다.

AI와 함께 쓴 초고도 마찬가지다. 4단계까지 완성한 대본은 어디까지나 '초고'다. 이것을 완성도 높은 '금고'로 다듬어야 한다. 개선 방법은 크게 'AI 피드백'과 '휴먼 피드백'으로 나뉜다.

AI 피드백은 크로스 엔진 검증이다. 엔진을 바꿔서 피드백을 받는 방법이다. 클로드로 쓴 초고를 챗지피티에게 보여 주면, 클로드가 발견하지 못한 문제점을 지적한다. 반대로 챗지피티로 쓴 초고를 클로드에게 보여 줘도 마찬가지다.

왜 그럴까? 각 AI는 서로 다른 학습 데이터와 알고리즘으로 훈련되었기 때문이다. 각자의 '눈'이 다른 것이다. 이것을 활용하면 초고의 품질을 크게 높일 수 있다. 나는 이것을 '크로스 엔진 검증'이라고 부른다. 방법은 간단하다.

1. 클로드에서 초고 완성
2. 챗지피티에게 피드백 요청
3. 제미나이에게 피드백 요청
4. 수집한 피드백 정리
5. 클로드에서 피드백 반영하여 수정

AI에게 피드백을 요청할 때는 구체적인 관점을 제시해야 한다. 생성과 마찬가지로 막연히 "이거 어때?"라고 물으면 당연히 막연한 답이 돌아온다.

아래 시나리오 대본에 대한 전문가 수준의 피드백 요청

대본
[대본 전문 또는 해당 부분 붙여넣기]

피드백 관점
1. 구조적 완성도
   - 3막 구조가 제대로 지켜졌는가?
   - 각 막의 전환점이 명확한가?
   - 페이싱(속도감)이 적절한가?

2. 캐릭터 일관성
   - 주인공의 행동이 설정된 성격과 일치하는가?
   - 캐릭터 아크가 자연스럽게 전개되는가?
   - 대사가 각 인물의 목소리를 반영하는가?

3. 대사 품질
   - 대사가 자연스러운가?
   - 서브텍스트가 있는가?
   - 불필요한 설명 대사가 있는가?

4. 감정선
   - 감정의 흐름이 자연스러운가?

        - 클라이맥스의 감정적 임팩트가 충분한가?

5. 장르적 완성도
    - 로맨틱 코미디 장르의 관습이 적절히 활용되었는가?
    - 웃음과 감동의 균형이 맞는가?

출력 형식
각 관점별로 구체적인 문제점과 개선 제안을 제시
장면 번호와 대사를 인용하여 구체적으로 설명

위의 관점에 따른 상세 피드백 시작

실제로 시나리오 초고의 한 장면을 크로스 엔진 검증한 예시를 살펴보자.

AI 클로드에서 작성한 S#3 초고 일부

민우
왜 여기 온 거야?

수연
나도 실연당했으니까.

민우
… 누구한테?

수연
(잠시 침묵)
너한테.

챗지피티의 피드백

이 대화는 감정적 긴장감이 부족합니다. 수연의 마지막 대사 "너한테"
는 강렬한 반전이지만, 그 전의 대화가 너무 직선적이어서 임팩트가 약
해집니다. 민우가 바로 "왜 여기 온 거야?"라고 묻기 전에, 그의 내면의
혼란을 보여 주는 비트가 필요합니다. 또한 수연의 "나도 실연당했으니
까."는 관객에게 이미 단서를 주어 반전 효과를 감소시킵니다.

제미나이의 피드백

대사의 서브텍스트가 부족합니다. 실제 사람들은 직접적으로 감정을
말하지 않습니다. 특히 전 연인과의 재회 상황에서 두 사람 모두 방어
적이 될 것입니다. 민우는 아마 먼저 말을 걸기 어려울 것이고, 수연 역
시 자신의 의도를 숨기려 할 것입니다. 대사 없이 시선과 침묵으로 긴장
감을 쌓은 후, 간접적인 대화로 시작하는 것이 더 자연스러울 것 같습
니다.

피드백 반영 후 클로드에서 수정한 버전

민우, 수연을 본다. 몸이 굳는다.

손에 든 커피잔이 미세하게 떨린다.

수연, 민우의 시선을 피하지 않는다.
오히려 담담하게 그를 마주본다.

어색한 침묵이 흐른다.
다른 멤버들이 눈치 없이 떠든다.

멤버1
어, 새로 오신 분이세요? 앉으세요, 앉으세요!

수연
(민우를 보며)
... 오랜만이네.

민우
(잠시 후, 애써 무심하게)
... 그러네.

민우, 시선을 피하며 부엌으로 향한다.

멤버2
(속삭이며)
두 분 아는 사이에요?

민우
(등을 보이며, 대답하지 않는다)

어떤가? 직접적인 "왜 여기 온 거야?" 대신, 시선과 침묵, 그리고 간접적인 대화로 긴장감을 쌓았다. 이것이 크로스 엔진 검증의 힘이다.

하지만 AI 피드백만으로는 '금고'를 만들기에 부족하다. 결국 이야기를 소비하는 것은 인간이기 때문이다. 가장 좋은 방법은 믿을 만한 전문가에게 피드백을 요청하는 것이다. 시나리오 작가, 영화 기획자, 드라마 PD, 혹은 당신이 신뢰하는 독자라면 누구든 좋다.

그런데 여기서 한 가지 팁이 있다. 전문가에게 피드백을 받으면, 그 피드백 자체를 AI에게 입력해서 수정을 요청하라. 그래서 전문가에게 말로 듣는 것보다는 질문지를 요청하고 받아서 LLM에게 입력하기 좋은 데이터 형식으로 만드는 습관이 중요하다.

프롬프트

첨부한 데이터와 아래 시나리오 대본을 전문가 피드백을 반영하여 수정

현재 대본

[대본 내용]

전문가 정보
피드백 제공자: [이름], [직함], [프로필]

[피드백 1]
"2막 중반부 민우와 수연의 갈등 장면이 너무 빨리 해소됩니다.
관객이 두 사람의 갈등에 충분히 공감하기 전에 화해 무드로 넘어가는
느낌입니다. 갈등의 골이 더 깊어지는 장면이 2-3개 더 필요합니다."

[피드백 2]
"수연의 캐릭터가 너무 수동적입니다. 그녀가 왜 이 모임에 왔는지,
민우에게 어떤 말을 하고 싶은 건지 더 적극적으로 보여 줄 필요가
있습니다."

수정 방향
1. 피드백 1 반영: 2막 중반에 갈등 심화 장면 2개 추가
2. 피드백 2 반영: 수연의 능동적인 행동과 속마음을 드러내는 장면 추가

위의 피드백을 반영한 수정 대본 생성 시작

이 방식의 장점은 전문가의 통찰과 AI의 실행력을 결합할 수 있다는 것이다. 전문가는 무엇이 문제인지 정확하게 짚어 주고, AI는 그것을 빠르게 반영해서 여러 버전의 수정안을 제시한다.

그럼에도 개선은 한 번으로 끝나지 않는다. 피드백을 받고 수정하고, 다시 피드백을 받고 수정하는 과정을 반복해야 한다. 일반적으로 내가 권장하는 피드백 루프는 다음과 같다.

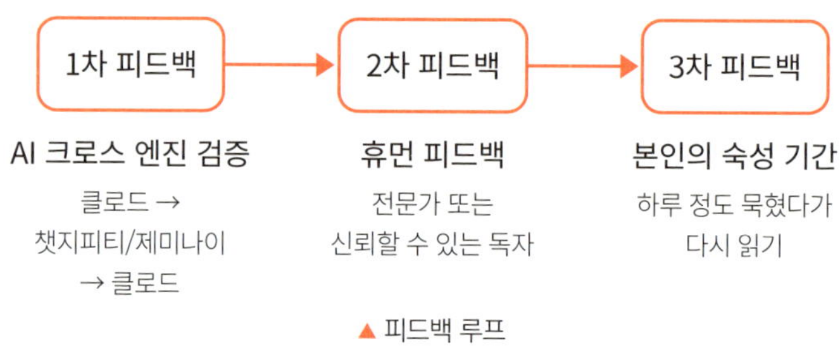

▲ 피드백 루프

이 세 번의 피드백 루프를 거치면, 초고는 확연히 달라진다. 물론 시간이 충분하다면 더 많은 피드백을 받아도 좋다. 하지만 무한 수정만 하다가 완성하지 못하는 것도 문제이니, 적절한 선에서 마무리하는 결단도 필요하다.

인공지능의 효율이 속도인데, 너무 느리다고 생각하는가? 3년 전, 챗지피티가 나오기 전에는 작가가 시나리오 초고를 완성하는 데 평균 3개월 이상이 걸렸다. 위 루프대로 진행하면, (물론 사람에 따라 다르겠지만) 최소 2배 이상, 최대 5배까지 효율적으로 개선된다.

AI 스토리텔링은 쉽지만, 결코 '딸깍'이 아니다. 속도는 빠르지만, 만능 자판기가 아니다. 내가 옳다는 것을 내려놓고 작업에 임해야, 인공지능과의 제대로 된 스토리텔링이 시작된다.

이야기의 사슬, 완결하기

지금까지 우리는 CoS(이야기의 사슬) 프레임워크의 5단계를 모두 살펴봤다.

1단계	**이야기의 씨앗**	제목과 로그라인 생성
2단계	**인물의 탄생**	주인공 → 적대자 → 조력자 순으로 인물 생성
3단계	**구조 세우기**	아웃라인과 장면 리스트 설계
4단계	**대본 쓰기**	멀티턴으로 짧은 분량씩 생성, 문서 관리
5단계	**개선하기**	AI 크로스 엔진 검증 + 휴먼 피드백 반영

이 다섯 단계는 직선이 아니라 순환이다. 5단계에서 발견한 문제로 인해 2단계 인물 설정을 수정해야 할 수도 있고, 4단계 대본을 쓰다가 3단계 아웃라인을 바꿔야 할 수도 있다.

중요한 것은 각 단계가 연결되어 있다는 것이다. 로그라인이 부실하면 인물이 흔들리고, 인물이 흔들리면 대본이 무너진다. 반대로 탄탄한 로그라인 위에 깊이 있는 인물이 서고, 그 인물들이 만들어 내는 갈등이 생동감 넘치는 대본으로 이어진다.

이것이 '사슬'의 의미다. 하나의 고리가 다음 고리를 만들고, 그렇게 연결된 고리들이 하나의 완결된 이야기를 만든다.

이제 CoS 프레임워크의 기본을 익혔다. 하지만 이 모든 과정을 매번 처음부터 반복해야 할까? 다음 장에서는 '스토리 어시스턴트' 설계법을 배운다. 시스템 프롬프트를 통해 AI에게 당신만의 창작 파트너 역할을 부여하고, 지식 파일을 활용해 작품의 컨텍스트를 유지하는 방법을 알아 본다.

CoS 프레임워크가 '방법론'이라면, 스토리 어시스턴트는 그 방법론을 자동화하고 개인화하는 '도구'다. 당신만의 AI 창작 파트너를 만들 준비가 됐는가? AI는 당신의 펜을 기다리고 있다.

이야기의 사슬은 마법이 아니다.
좋은 이야기는 결코 한 번에 나오지 않는다.
사슬을 따라, 한 단계씩, 함께 만들어가야 도착한다.
그리고 그 중요한 사슬을 잇는 사람은
AI가 아니라, 당신이다.

프로젝트 설계와
지침(Instructions) 작성

스토리 어시스턴트란 무엇인가?

"AI가 내가 만들고 있는 작품을 기억하게 할 수는 없을까?"

이 질문이 '스토리 어시스턴트'의 출발점이다. 스토리 어시스턴트란 당신의 창작 프로젝트에 맞춤화된 AI 파트너를 말한다. 마치 오랫동안 함께 일해 온 공동 작업자처럼, AI가 당신 작품의 세계관을 이해하고, 인물들의 성격을 기억하고, 당신의 창작 스타일에 맞춰 대응하도록 설계하는 것이다.

4장에서 배운 이야기의 사슬 프레임워크가 '방법론'이라면, 스토리 어시스턴트는 그 방법론을 자동화하고 개인화하는 '도구'다. 매번 처음부터 설명하지 않아도, AI가 이미 당신의 프로젝트 맥락을 알고 있는 상태에서 대화를 시작할 수 있다.

클로드의 프로젝트 기능을 활용해 당신만의 스토리 어시스턴트를 세팅하는 방법은 다음과 같다.

클로드 프로젝트의 의미와 구조

클로드 프로젝트 세팅을 하는 이유는 다음과 같다.

1. AI는 컴퓨터 언어를 사용한다.
2. 하지만 우리는 자연어로 AI와 소통한다.
3. 프롬프트는 하나의 프로그램과 같은 역할을 한다.
4. 한 마디로 프로그래밍 언어처럼 프롬프트를 사용해야 한다.
5. 가장 중요한 롱텀 메모리를 유지하면서 장기적인 작업을 하기 위해서 세팅한다.
6. 잘 세팅한 프로젝트는 챗지피티 봇처럼 작동하며, '기획/창작/수정'의 전 과정에서 사용된다.

클로드 프로젝트는 크게 다섯 가지 요소로 구성된다.

첫째, 프로젝트 제목이다. 작품의 정체성을 한눈에 보여 주는 이름이다. 둘째, 목표 지침이다. 프로젝트의 목표와 주제를 정의하는 짧은 설명이다. 셋째, 지침 프롬프트 Instructions 다. AI의 역할, 행동 방식, 창작 원칙을 상세하게 정의하는 시스템 프롬프트다. 이것이 스토리 어시스턴트의 '의식'을 만드는 핵심이다. 넷째, 지식 파일 Knowledge 이다. 인물 설정, 세계관, 기존 대본 등 AI가 참조할 자료들이다. 다섯째, 메모리다. 대화를 통해 축적되는 맥락 정보다.

1단계: 프로젝트 제목 설정

스토리 어시스턴트 세팅은 다음 순서로 진행된다.

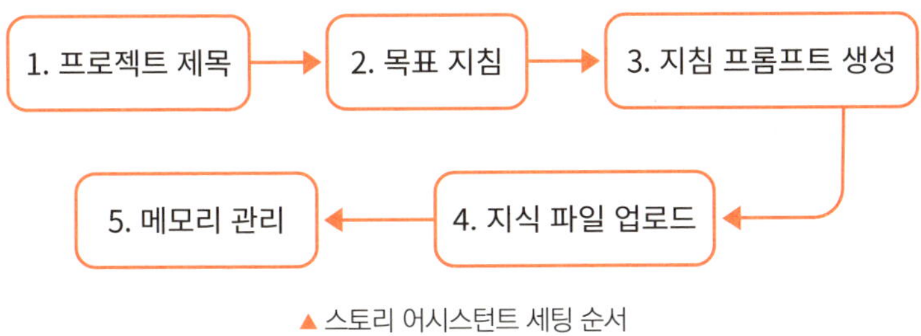

▲ 스토리 어시스턴트 세팅 순서

1단계는 프로젝트 제목 설정이다. 4장에서 배운 CoS 프레임워크의 1단계 '이야기의 씨앗'을 떠올려 보자. 일곱 개의 핵심 키워드로 압축한 생성용 제목, 그 제목이 바로 프로젝트 제목의 출발점이 된다. 예를 들어, 우리가 만들었던 '실연당한 사람들의 일곱 시 조찬모임'이라는 제목을 그대로 프로젝트 이름으로 사용할 수 있다.

프로젝트 제목은 두 가지 역할을 한다.

첫째, 작품의 정체성을 상기시킨다. 프로젝트 목록에서 한눈에 어떤 작품인지 파악할 수 있고, 여러 프로젝트를 동시에 진행할 때 혼란을 방지한다.

둘째, AI에게 맥락의 첫 번째 신호를 준다. 제목만 봐도 이 프로젝트가 어떤 장르이고, 어떤 분위기인지 짐작할 수 있다.

제목은 첫 번째 프롬프트다. 인공지능이 당신의 의도를 파악하는 첫 질문이다. 의도가 포함된 핵심 키워드로 구성된 제목이 수준 높은 스토리 어시스턴트를 만드는 시작이다. 제목 설정 팁은 아래와 같다. 인공지능을 사용하는 당신의 기획력은 이 단계에서 발휘된다.

- 장르와 분위기가 드러나야 한다.
- 7단어 내외, 20글자 분량을 권장한다.
- LLM이 파악하기 좋은 제목이어야 한다.

2단계: 목표 지침 설정

클로드의 경우 프로젝트 제목을 설정할 때 프로젝트의 목표와 주제를 함께 입력해야 한다. 사용자들은 보통 이 파트를 중요하게 생각하지 않고 건너뛴다. 하지만 목표 지침은 프로젝트의 방향성을 한두 문장으로 정의하는 매우 중요한 과정이다. 목표 지침에 반드시 포함되어야 할 요소는 다음과 같다.

- **장르와 포맷**: 영화인지, 드라마인지, 웹툰인지 명시한다.
- **핵심 컨셉**: 핵심 아이디어나 독특한 설정을 간략히 언급한다.
- **타깃 관객**: 누구를 위한 이야기인지 정의한다.
- **현재 단계**: 기획 중인지, 초고 작성 중인지, 수정 단계인지 명시한다.

Goals
드라마 <실연당한 사람들의 일곱 시 조찬모임>의 기획안 작성과 대본
생성

Subject
여자 주인공, 남자 주인공, 모임 기획자 세 사람의 시선에서 바라보는
사랑과 연애, 이별에 대한 이야기

Overview
- Title: 일곱 시에, 우리는
- Genre: 로맨스 휴먼 드라마
- Running Time: 회당 40분, 6부작
- Target Audience: 25~39세 여성

Keyword
OTT, TV, 드라마, 로맨스, 휴먼, 힐링, 감정, 사랑, 이별, 시선

Draft Story
여주와 남주가 저마다의 사연으로 모인 조찬모임에서 자신의 '실연 기
념품'을 교환하고 서로의 사연과 아픔을 공유하는 과정을 통해 이별과
실연의 아픔에 대처하는 이야기

이 목표 지침은 프로젝트를 열 때마다 AI에게 전달된다. 따라
서 프로젝트의 진행 상황에 따라 주기적으로 업데이트하는 것이

좋다. 예를 들어, 초고가 완성되면 '현재 초고 완성, 피드백 반영 수정 단계'로 바꾸는 식이다.

3단계: 지침 프롬프트 생성

이제 가장 중요한 단계다. 지침 프롬프트 Instructions 는 스토리 어시스턴트의 '의식'을 만드는 작업이다. 인간의 뇌는 크게 전두엽, 후두엽, 측두엽으로 구분할 수 있다. 전두엽과 후두엽이 데이터를 관리하는 영역이라면, 측두엽은 메모리를 관장한다.

우리가 어제 저녁 7시에 나눈 대화는 기억하지 못해도, 10년 전에 본 영화 대사는 기억하는 이유가 바로 측두엽 효과다. 다시 말해서, 클로드의 지침 프롬프트를 작성하는 일은 인간으로 치면 측두엽을 세팅하는 일과 같다.

지침 프롬프트는 3장에서 배운 시스템 프롬프트, 휴먼 프롬프트, 메타 프롬프트 중 시스템 프롬프트에 해당한다. AI에게 '넌 누구이고, 어떻게 행동하며, 무엇을 중요하게 여기는가'를 정의하는 것이다. 좋은 지침 프롬프트는 다음 요소를 포함한다.

- **역할 정의**: AI가 어떤 전문가로 행동할 것인가?
- **작품 맥락**: 장르, 톤앤매너, 핵심 테마는 무엇인가?
- **창작 원칙**: 어떤 스타일로 글을 쓸 것인가?
- **협업 방식**: 사용자와 어떻게 대화할 것인가?

• **금지 사항:** 피해야 할 클리셰나 표현은 어떤 것인가?

직접 설계하는 것이 좋지만, 핵심 내용을 정리한 후 클로드와 메타 프롬프팅으로 작성하고 수정하면 훨씬 정교한 지침을 만들 수 있다.

메타 프롬프팅으로 지침 프롬프트 만들기

지침 프롬프트를 처음부터 직접 쓰는 것은 어렵다. 그래서 우리는 메타 프롬프팅을 활용한다. AI에게 '좋은 지침 프롬프트를 만들어 달라'고 요청하는 것이다. 다음은 메타 프롬프팅으로 지침 프롬프트를 생성하는 프롬프트 템플릿이다.

지침 프롬프트 생성 템플릿

아래 정보를 바탕으로 클로드 프로젝트용 지침 프롬프트(Instructions) 생성

프로젝트 정보
제목
[프로젝트 제목]

목표 지침
[목표 지침 내용]

로그라인
[로그라인]

주요 인물
[주인공, 적대자, 조력자 등 핵심 인물 요약]

장르 및 톤
[장르], [분위기/톤앤매너]

현재 작업 단계
[기획/초고/수정 등]

지침 프롬프트 구성 요소
1. 역할 정의 (AI가 맡을 역할)
2. 작품 컨텍스트 (장르, 톤, 테마)
3. 창작 원칙 (문체, 대사 스타일, 묘사 방식)
4. 협업 방식 (대화 스타일, 피드백 방식)
5. 주의 사항 (피해야 할 클리셰, 금지 표현)

출력 형식
- 마크다운 형식으로 구조화
- 각 섹션은 # 구분자로 명확히 분리
- 구체적이고 실행 가능한 지침으로 작성
- 전체 분량 1000자 내외

위의 정보를 반영한 지침 프롬프트 생성 시작

'실연당한 사람들의 일곱 시 조찬모임' 프로젝트의 지침 프롬
프트를 만들어 보자.

프롬프트

아래 정보를 바탕으로 클로드 프로젝트용 지침 프롬프트 생성

프로젝트 정보
제목
실연당한 사람들의 일곱 시 조찬모임

Goals
드라마 <실연당한 사람들의 일곱 시 조찬모임>의 기획안 작성과 대본
생성

Subject
여자 주인공, 남자 주인공, 모임 기획자 세 사람의 시선에서 바라보는
사랑과 연애, 이별에 대한 이야기

Overview
- Title: 일곱 시에, 우리는
- Genre: 로맨스 휴먼 드라마
- Running Time: 회당 40분, 6부작
- Target Audience: 25~39세 여성

Keyword

OTT, TV, 드라마, 로맨스, 휴먼, 힐링, 감정, 사랑, 이별, 시선

Draft Story
여주와 남주가 저마다의 사연으로 모인 조찬모임에서 자신의 '실연 기념품'을 교환하고 서로의 사연과 아픔을 공유하는 과정을 통해 이별과 실연의 아픔에 대처하는 이야기

로그라인
3년간의 연애 끝에 청혼을 거절당한 30대 요리사가 상처를 치유하기 위해 '실연 조찬모임'을 만들지만, 마지막 멤버로 자신을 차버린 전 연인이 나타나면서 매일 아침 같은 테이블에 앉아야 하는 상황에 놓인다.

주요 인물
- 강민우(32): 프리랜서 요리사, 주인공. 타인을 돌보며 자신의 상처를 회피
- 김수연(30): 민우의 전 연인, 3년 전 청혼을 거절한 장본인
- 조찬모임 멤버들: 각자의 실연 이야기를 가진 개성 있는 조연들

위의 정보를 반영한 지침 프롬프트 생성 시작

위 프롬프트의 응답으로 생성된 지침 프롬프트 예시다.

AI **지침 프롬프트**

역할

당신은 20년 경력의 드라마 시나리오 작가이자 스토리 컨설턴트입니다. '실연당한 사람들의 일곱 시 조찬모임' 프로젝트의 공동 창작자로서 작가와 함께 캐릭터를 발전시키고, 대사를 다듬고, 플롯의 허점을 찾아 해결책을 제안합니다.

작품 컨텍스트
장르: 로맨틱 코미디 드라마
톤앤매너
- 기본 톤: 따뜻하지만 쓸쓸한
- 유머: 상황 코미디 위주, 슬랩스틱보다 위트 있는 대사
- 감정: 과장보다 절제, 서브텍스트로 감정 전달

핵심 테마
- 상처의 치유는 혼자가 아닌 함께할 때 가능하다.
- 사랑의 실패는 끝이 아니라 새로운 시작이 될 수 있다.
- 음식은 마음을 나누는 언어다.

창작 원칙
대사
- 직접적 감정 표현보다 행동과 뉘앙스로 전달
- 각 인물의 고유한 말투와 어휘 유지
- 설명 대사 최소화, 서브텍스트 극대화

장면 묘사
- 지문은 시각적 묘사 위주, 감정 설명 자제
- 음식 묘사에 공을 들여 감각적으로 표현
- 아침 시간대의 빛과 공기 묘사로 분위기 설정

협업 방식
- 아이디어 제안 시 최소 2개 이상의 대안 제시
- 선택을 강요하지 않고 장단점 함께 설명
- 작가의 의도를 먼저 확인한 후 제안
- 기존 설정과 모순되는 부분 발견 시 즉시 지적

주의 사항
피해야 할 클리셰
- 우연한 재회의 남발 (이미 설정에서 사용)
- 삼각관계의 과도한 질투 장면
- 기억상실, 불치병 등 막장 전개

금지 표현
- '그녀는 아름다웠다' 류의 직접적 미모 묘사
- '심장이 두근거렸다' 류의 상투적 감정 표현
- '운명처럼' 등의 진부한 비유

이 지침 프롬프트를 클로드 프로젝트의 Instructions에 붙여 넣으면, AI는 이 원칙에 따라 대화한다.

지침 프롬프트는 언제 수정하는가?

지침 프롬프트는 한 번 만들면 끝이 아니다. 프로젝트가 진행되면서 주기적으로 업데이트해야 한다.

수정이 필요한 시점은 다음과 같다.

- 작업 단계가 바뀔 때 (기획 → 초고 → 수정)
- 새로운 주요 인물이 추가될 때
- 스토리의 방향이 크게 바뀔 때
- AI의 응답이 의도와 자꾸 어긋날 때

마지막 경우가 특히 중요하다. AI가 자꾸 원하지 않는 방향으로 대답한다면, 지침 프롬프트에 해당 내용을 명시적으로 추가해야 한다. 예를 들어, AI가 자꾸 과도하게 설명적인 대사를 쓴다면, '주의 사항'에 '설명 대사 금지, 모든 정보는 행동이나 암시로 전달'을 추가한다.

지침 프롬프트 작성에도 황금률이 있다. 지침 프롬프트를 작성할 때 기억해야 할 첫 번째 원칙은 구체적일수록 좋다는 것이다. '좋은 대사를 써라.'보다 '서브텍스트가 있는 대사, 직접 감정을 말하지 않는 대사를 써라.'가 낫다.

두 번째는 예시를 포함하라는 것이다. '이런 표현은 피해라: ~처럼, ~같이 등의 진부한 비유'처럼 구체적 예시가 있으면 AI가 더 정확하게 이해한다.

세 번째는 금지 사항을 명확히 하는 것이다. 원하는 것을 말하는 것만큼 원하지 않는 것을 말하는 것도 중요하다. 네거티브한 지시는 짧고 명확해야 한다. '욕을 쓰지 마.'보다 '○○, ○○, ○○ 등의 단어 사용 금지'가 낫다.

지침이 너무 길면 효과가 떨어진다. 지침 프롬프트가 3,000자를 넘어가면 AI가 모든 내용을 균등하게 반영하기 어렵다. 핵심만 압축하라. 버리기 아깝다면, 핵심만 압축해 달라고 클로드에게 부탁하면 된다.

지침 프롬프트는 시스템 프롬프트를 닮았기 때문에 자연어보다 JSON이나 HTML 등의 컴퓨터 언어로 작성하는 것이 좋다. 코드를 모른다면, 자연어로 출력된 지침 프롬프트를 JSON 형태로 변경해 달라고 부탁하면 된다.

메타 프롬프팅을 습관화하면, 시간 낭비를 줄일 수 있다. 습관은 당신이 만든다. 인공지능이 당신의 습관과 태도까지 바꿔 주지 않는다는 점을 명심해야 한다.

프로젝트 제목과 목표 지침이 '이름표'라면, 지침 프롬프트는 '성격'이고, 파일은 '지식'이며, 메모리는 '경험'이다. 이 네 가지가 합쳐질 때, 당신만의 스토리 어시스턴트가 완성된다.

Story Engineering

AI는 당신의 창작 파트너가 될 준비가 되어 있다.
이제 그 파트너에게
당신의 이야기 세계를 가르칠 차례다.

<table><tr><td>

Section

06

</td><td>

지식 및 메모리 구축과 활용

</td></tr></table>

AI에게 당신의 이야기 세계를 가르치다

5장에서 배운 지침 프롬프트가 AI의 '성격'이라면, 지식 파일은 AI의 '지식'이다. 아무리 훌륭한 성격을 가진 조수라도, 당신의 작품에 대해 모른다면 제대로 도울 수 없다. 지식 파일은 AI에게 당신의 이야기 세계를 가르치는 과정이다.

클로드 프로젝트에서 지식 파일은 AI가 대화 중에 참조할 수 있는 문서들이다. PDF, 텍스트, 마크다운 등 다양한 형식의 파일을 업로드할 수 있다.

지식 파일에 담을 수 있는 것들

- **인물 설정 문서** (캐릭터 프로필, 관계도)
- **세계관 자료** (시대 배경, 장소 설명, 규칙)
- **기존 대본/원고** (이미 완성된 에피소드)
- **참고 자료** (장르 관습, 레퍼런스 작품 분석)
- **스타일 가이드** (문체 예시, 톤앤매너 샘플)

AI는 대화 중에 이 파일들을 검색하고 참조하여 맥락에 맞는 응답을 생성한다. 50화까지 완성된 웹툰의 모든 에피소드를 업로드하면, AI는 45화에서 주인공이 능력을 잃었다는 사실을 알고, 그에 맞는 제안을 할 수 있다.

지식 파일은 무작정 많이 올린다고 좋은 게 아니다. 효과적인 지식 파일 구성에는 원칙이 있다.

구조화된 정보가 힘이다. AI는 잘 정리된 문서를 더 잘 이해한다. 장황한 산문보다 명확한 구조를 가진 문서가 효과적이다. 인물 설정 문서를 예로 들어 보자.

비효율적인 형식

강민우는 32세 요리사입니다.

그는 3년 전에 청혼을 거절당했고, 그 상처를 치유하기 위해 실연 조찬 모임을 만들었습니다.

그는 타인을 돌보는 것으로 자신의 상처를 회피하는 경향이 있고, 요리를 통해 사람들과 소통합니다.

전 연인인 수연과의 관계는…

효율적인 형식

강민우 캐릭터 시트

기본 정보

- 이름: 강민우

- 나이: 32세

- 직업: 프리랜서 요리사 (前 호텔 수셰프)

- 거주지: 서울 성수동 오래된 빌라 2층

핵심 트라우마

- 사건: 3년간 사귄 여자 친구(수연)에게 청혼했다가 거절당함

- 시점: 3년 전

- 영향: 자존감 붕괴, 관계에 대한 두려움

방어기제

- 유형: 타인 돌봄을 통한 회피

- 행동: 실연 조찬모임 운영, 요리로 사람들 챙김

- 내면: '나는 괜찮다'를 반복하며 자기 암시

변화 아크

- 시작: 자신의 상처 회피, 타인 구원자 역할에 숨음

- 전환: 수연과 재회하며 억눌린 감정 직면

- 도착: 취약함을 인정하고 진짜 자신을 보여 주는 용기

같은 내용이지만, AI가 필요한 정보를 빠르게 찾고 정확하게 활용하기에는 두 번째 형식이 훨씬 낫다.

파일을 목적별로 분리하라

모든 정보를 하나의 거대한 문서에 담지 않아야 한다. 목적별로 파일을 분리해야 AI가 더 효율적으로 검색할 수 있다. 그리고 사용하는 요금제에 따라 파일의 업로드 용량이 다르다. 앞에서 배운 중간 소실 현상도 염두에 두어야 한다. 지식 파일은 짧고 명확한 여러 개의 단위로 구분하는 것이 가장 중요하다. 권장하는 파일 구성은 아래와 같다.

- **01_인물설정_주요캐릭터.md**: 주인공, 적대자, 조력자
- **02_인물설정_조연.md**: 조찬모임 멤버들, 기타 인물
- **03_세계관_장소.md**: 주요 배경 장소 설명
- **04_세계관_시간표.md**: 에피소드별 시간 흐름, 사건 연표
- **05_완성대본_1-4화.md**: 기존 완성된 대본
- **06_스타일가이드.md**: 대사 톤, 묘사 스타일 예시

파일명 앞에 번호를 붙이면 목록에서 정렬되어 관리하기 편하다. 지식 파일은 살아있는 문서다. 최신 정보로 유지되어야 살아 있을 수 있다.

스토리가 진행되면서 변경된 내용을 반영해야 한다. 예를 들어, 6화에서 민우가 수연에게 과거에 대해 물었다면, 인물 관계 문서에 이 사건을 추가해야 한다. 그래야 AI가 7화 이후의 대화에서 '민우는 아직 수연에게 과거를 묻지 않았다.'는 틀린 전제로 제안하는 일을 방지할 수 있다.

메모리 관리: AI의 경험을 축적하다

지식 파일이 AI에게 '가르치는' 정보라면, 메모리는 AI가 대화를 통해 '경험하고 기억하는' 정보다. 클로드 프로젝트는 대화 내용을 바탕으로 메모리를 자동 생성한다. 예를 들어, 대화 중에 "민우는 토마토 알레르기가 있다는 설정을 추가하자."라고 합의하면, AI는 이를 메모리에 저장하고 이후 대화에서 참조한다.

메모리는 텍스트를 수정하는 방식이 아니라, 프롬프트를 입력해서 수정해야 한다. 의식을 지울 수 없는 것과 마찬가지 원리다. 주기적으로 메모리를 읽고, 잘못된 기억을 명령어를 통해 교정하는 습관을 갖는 것이 중요하다.

메모리를 효과적으로 관리하려면 몇 가지 습관이 필요하다.

먼저 중요한 결정은 명시적으로 확인해야 한다. "이 설정으로 확정이야."라고 말하면 AI가 더 확실하게 메모리에 저장한다. 주기적으로 메모리를 검토해야 한다. 프로젝트 설정에서 저장된 메모리 목록을 확인하고, 불필요하거나 잘못된 항목은 삭제한다.

다음으로 지식 파일과의 중복을 피해야 한다. 메모리에 쌓인 중요 설정은 정기적으로 지식 파일로 옮기고 메모리는 정리한다. 메모리는 '임시 저장소', 지식 파일은 '영구 저장소'라고 생각하면 쉽다. 메모리와 지식 파일의 역할을 명확히 구분하면 프로젝트 관리가 쉬워진다.

<table>
<tr><th>지식 파일에 담을 것</th><th>메모리에 담을 것</th></tr>
<tr><td>

- 확정된 인물 설정
- 완성된 에피소드 대본
- 변하지 않는 세계관 규칙
- 스타일 가이드

</td><td>

- 아직 검토 중인 아이디어
- 최근 대화에서 나온 임시 결정
- 다음 에피소드 계획
- 수정이 필요할 수 있는 실험적 설정

</td></tr>
</table>

이제 당신은 스토리 어시스턴트를 완전하게 세팅할 수 있게 되었다. 프로젝트 제목, 목표 지침, 지침 프롬프트, 지식 파일, 메모리까지 모든 요소가 갖춰졌다. 하지만 이것은 시작일 뿐이다. 아직 당신의 이야기는 시작도 하지 못했다.

결과물의 완성도를 바꾸는 워밍업

실전에서 자주 하게 되는 실수가 하나 있다. 프로젝트를 세팅한 뒤, 바로 "1화 대본을 써 줘."라고 말하는 것이다. 지침을 작성하고, 지식 파일을 올리고, 메모리까지 설정했으니 이제 AI가 알아서 해 줄 거라고 기대한다. 하지만 돌아오는 결과는 여전히 어딘가 어색하다.

이유는 간단하다. 세팅과 창작 사이에 '워밍업'이라는 단계가 빠져 있기 때문이다. AI에게 바로 대본을 요청하기 전에, 먼저 대화를 통해 프로젝트의 맥락을 환기시켜야 한다.

"지금 이 프로젝트의 주인공은 누구이고, 어떤 상태에 있지?" 라고 물어보자. AI가 지식 파일과 메모리를 기반으로 답한다. 그 답이 정확한지 확인하고, 빠진 부분이 있으면 보완한다. 이 과정 은 30초면 충분하다. 하지만 이 30초가 이후 나올 결과물의 완성 도를 바꾼다.

워밍업은 일종의 리허설이다. 배우가 본 촬영 전에 대본 리딩 을 하듯, AI도 본격적인 창작에 들어가기 전에 자신이 알고 있는 정보를 점검하는 시간이 필요하다. 지식 파일에 올린 캐릭터 시 트가 제대로 반영되고 있는지, 메모리에 저장된 설정이 충돌하지 않는지, 이 리허설을 거쳐야 비로소 AI는 당신의 이야기 세계 안 에 온전히 들어온다.

단순 프로젝트는 지불 가치가 없다.
지불 가치가 없는 프로젝트는 의미가 없다.
오직 프로젝트를 통해 만든 완결된 이야기만이,
당신에게 지불되는 가격이 되고, 가치가 되고,
의미가 된다.

이론은 끝났다.
이제 빈 페이지 앞에 앉을 시간이다.

120페이지짜리 장편 영화 시나리오를 AI와 함께 6주 이내에 완성하고,
시리즈 드라마의 구조와 에피소드를 동시에 설계하며,
한 컷의 그림 없이도 웹툰의 서사를 완성하는 법을 익힌다.
60초 안에 관객을 사로잡아야 하는 숏폼 드라마의 긴장감까지.
네 개의 장르, 네 개의 실전.
같은 프레임워크가 장르에 따라 전혀 다른 이야기로
변환되는 과정을 직접 경험한다.

당신의 첫 번째 작품이 이 파트에서 시작될 것이다.

Part 03

장르별 AI 창작 실전

영화 시나리오 창작
: 장편 완성하기

120페이지의 벽을 넘어서

단편 시나리오와 장편 시나리오 사이에는 분명한 벽이 있다. 20페이지 분량의 단편을 쓸 수 있다고 해서, 120페이지 분량의 장편을 쓸 수 있는 것은 아니다. 마치 100미터 달리기 선수라면 누구나 마라톤을 완주할 수 있는 것이 아닌 것처럼.

하지만 AI와 함께라면 얘기가 달라진다. 단, 올바른 방법을 알아야 한다. 지금부터는 이론이 아니라 실전이다. 당신이 이 장을 끝까지 따라온다면, AI와 함께 장편 시나리오 초고를 완성할 수 있게 될 것이다.

장편 시나리오의 구조적 이해

장편 영화 시나리오는 일반적으로 90~120페이지 분량이다. 할리우드의 불문율에 따르면, 시나리오 1페이지는 스크린 타임 1분에 해당한다. 따라서 120페이지 시나리오는 2시간짜리 영화가 된다.

이 120페이지를 어떻게 구성할 것인가? 가장 널리 사용되는 구조는 3막 구조 Three-Act Structure 다.

3막 구조의 기본

- **1막**(Setup): 전체의 약 25%, 즉 30페이지 분량이다. 주인공의 일상 세계를 보여 주고, 사건의 발단이 되는 촉발 사건 Inciting Incident 이 일어나며, 1막의 끝에서 주인공은 모험의 세계로 들어가는 결단을 내린다. 이것이 1차 전환점 First Plot Point 이다.

- **2막**(Confrontation): 전체의 약 50%, 즉 60페이지 분량이다. 주인공이 목표를 향해 나아가지만 끊임없이 장애물에 부딪힌다. 중간 지점 Midpoint 에서 큰 반전이나 깨달음이 있고, 2막 후반부에서 주인공은 가장 큰 위기에 직면한다. 2차 전환점 Second Plot Point 에서 최종 대결의 방향이 정해진다.

- **3막**(Resolution): 전체의 약 25%, 즉 30페이지 분량이다. 클라이맥스 Climax 에서 주인공과 적대자의 최종 대결이 벌어지고, 결말에서 이야기가 마무리된다.

이 구조를 알아야 하는 이유는 AI와의 작업에서 분량 배분과 페이싱의 기준점이 되기 때문이다. 예를 들어, AI에게 "2막 중반부 장면을 써 줘."라고 요청할 때, 그것이 전체 이야기에서 어떤 위치인지 명확히 알아야 적절한 맥락을 제공할 수 있다.

이제 실제로 장편 시나리오 프로젝트를 설계해 보자. 우리가 만들 작품은 SF 스릴러 장르의 장편 영화다.

1단계: 이야기의 씨앗 심기

4장에서 배운 것처럼, 모든 AI 창작은 핵심 키워드 일곱 개로 압축된 생성용 제목에서 시작한다. SF 스릴러 장편을 위한 생성용 제목을 만들어 보자.

「기억을 조작하는 의사의 마지막 환자」

이 제목에는 장르(SF), 주인공(의사), 핵심 소재(기억 조작), 갈등의 암시(마지막)가 담겨 있다. 이제 이 제목을 바탕으로 로그라인을 생성해 보자.

프롬프트

아래 조건을 반영한 영화 로그라인 작성

\# 작성 조건
- 제목: 기억을 조작하는 의사의 마지막 환자
- 장르: SF 스릴러
- 분량: 한글 공백 포함 200자 내외

• 마지막 문장: 주인공의 핵심 질문이나 대사로 마무리

\# 작성 공식
{주인공 특성}인 주인공이 {목표/욕망}을 위해 {행동/도전}하지만,
{장애물/갈등}에 부딪히면서 {선택/결단}을 내리게 되는 이야기

위의 조건을 반영한 로그라인 생성 시작

응답 결과

트라우마 기억을 삭제하는 불법 시술로 명성을 얻은 신경외과 의사 '서진'은 자신의 딸이 끔찍한 사고를 목격한 후 자살 충동에 시달리자 금단의 시술을 결심한다. 하지만 시술 과정에서 딸의 기억 속에 숨겨진 충격적 진실(서진 자신이 사고의 원인이었다는 사실)을 발견하게 된다. '내 기억을 지우면, 그녀는 나를 용서할 수 있을까?'

이제 로그라인이 생성되었다. 이 로그라인을 바탕으로 인물을 만들고, 3막 구조를 설계한 후, 장면별로 대본을 생성해 나갈 것이다.

2단계: 인물의 탄생

인물은 '주인공 → 적대자 → 조력자 → 주요 인물' 순서로 생

성한다. 장편 시나리오의 경우에는 인물의 깊이가 더욱 중요하다. 120페이지에 걸쳐 관객이 주인공과 함께 여행해야 하기 때문이다.

프롬프트

아래 로그라인을 토대로 주인공의 캐릭터 프로필 생성

로그라인

트라우마 기억을 삭제하는 불법 시술로 명성을 얻은 신경외과 의사 '서진'은 자신의 딸이 끔찍한 사고를 목격한 후 자살 충동에 시달리자 금단의 시술을 결심한다. 하지만 시술 과정에서 딸의 기억 속에 숨겨진 충격적 진실을 발견하게 된다.

생성 조건
• 주인공: 남성, 40대 중반
• 직업: 신경외과 의사 (기억 조작 전문)
• 핵심 결핍: 자신의 죄책감을 외면해 온 인물

응답 형식
• 이름(성별, 나이)
• 설명: 역할 핵심 트라우마, 방어기제, 변화 아크를 포함한 상세 프로필

위의 조건을 반영한 주인공 캐릭터 프로필 생성 시작

주인공 프로필이 완성되면, 같은 방식으로 적대자(서진의 과거를 아는 인물), 조력자(서진을 돕는 동료 의사), 그리고 핵심 인물인 딸의 캐릭터 프로필을 순차적으로 생성한다.

장편에서 특히 중요한 것은 인물 관계도다. 각 인물이 서로 어떤 관계이고, 어떤 갈등 구조를 형성하는지 명확히 해야 한다. 이것을 별도의 지식 파일로 만들어 프로젝트에 업로드하면, AI가 장면을 생성할 때 인물 간의 역학 관계를 일관되게 반영할 수 있다.

3막 구조 아웃라인 설계

인물 설정이 완료되면, 이제 3막 구조에 따른 아웃라인을 설계한다. 이 단계가 장편 시나리오의 성패를 결정한다. 아웃라인이 탄탄해야 길을 잃지 않고 120페이지의 여정을 완주할 수 있다.

프롬프트

아래 정보를 바탕으로 3막 구조 아웃라인 생성
기본 정보
• 제목: 기억을 조작하는 의사의 마지막 환자
• 장르: SF 스릴러
• 로그라인: [위에서 생성한 로그라인]
• 인물: [생성한 주요 인물 정보]

아웃라인 구조

1막 (30페이지)
• 오프닝 이미지
• 일상 세계
• 촉발 사건
• 고민과 갈등
• 1차 전환점

2막 전반부 (30페이지)
• 새로운 세계 진입
• 재미와 게임
• 조력자/적대자 등장
• 중간 지점

2막 후반부 (30페이지)
• 악당의 반격
• 모든 것을 잃음
• 영혼의 어두운 밤
• 2차 전환점

3막 (30페이지)
• 피날레
• 클라이맥스
• 최종 이미지

이 아웃라인을 생성한 후 반드시 검토하고 수정해야 한다. AI가 제안한 플롯 포인트들이 당신의 의도와 맞는지, 논리적 허점은 없는지, 감정선의 흐름이 자연스러운지 확인한다. 마음에 들지 않는 부분은 수정 프롬프트로 다시 생성하거나, 직접 수정한다.

아웃라인이 확정되면, 이것을 지식 파일로 저장한다. 출력 지시문에 '워드 파일로 생성'이라고 추가하면, 클로드의 경우 스킬 기능을 활용해서 워드 파일이 생성된다. 이후 대본 생성 단계에서 AI가 이 아웃라인을 참조하며 일관된 방향으로 장면을 만들어 갈 수 있다.

멀티턴 시나리오 생성 전략

장편 시나리오는 한 번에 쓰는 것이 아니라 짧은 분량을 여러 번에 나누어 생성하는 멀티턴 Multi-turn 전략을 사용한다. 120페이지를 한 번에 요청하면 AI의 응답 품질이 급격히 떨어지기 때문이다. 개봉 영화들의 시나리오도 초고에서 시작해서 10~20고의 수정을 거쳐 완성된다. 인공지능과의 작업도 크게 다르지 않다. 시나리오가 충분히 익는 시간이 필요한 것이다.

장편 시나리오의 멀티턴 생성에서 권장하는 분량은 한 번에 10페이지 이내다. 10페이지는 대략 3~5개의 장면^{Scene}에 해당한다. 이 분량이면 AI가 맥락을 유지하면서 품질 높은 대사와 지문을 생성할 수 있다.

- **1막** (30페이지): 세 번의 턴으로 생성
- **2막 전반부** (30페이지): 세 번의 턴으로 생성
- **2막 후반부** (30페이지): 세 번의 턴으로 생성
- **3막** (30페이지): 세 번의 턴으로 생성

총 열두 번의 턴으로 120페이지 분량의 초고를 완성할 수 있다. 각 턴에서는 이전 턴의 마지막 장면을 요약해서 맥락을 연결하고, 아웃라인에서 해당 부분의 비트를 참조해서 다음 장면들을 요청한다.

실전 대본 생성 프롬프트

아래 조건을 반영한 시나리오 대본 생성

기본 정보
- 제목: 기억을 조작하는 의사의 마지막 환자
- 현재 위치: 1막 오프닝 (S#1~S#4)

참조 정보
- 아웃라인: [해당 부분 아웃라인]
- 인물 정보: [관련 인물 프로필]

• 이전 장면: 없음 (첫 번째 턴)

장면 리스트

S#1. 서진의 비밀 시술실 / 밤 - 서진이 환자의 기억을 조작하는 장면 - 기술적 디테일과 윤리적 긴장감 표현

S#2. 병원 복도 / 다음날 아침 - 일상적인 의사로서의 서진 - 동료들과의 관계 설정

S#3. 서진의 집 / 저녁 - 딸 유나와의 관계 - 아내 부재의 암시

S#4. 서진의 서재 / 밤 - 과거 사건의 단서 (사진, 기사 등) - 촉발 사건으로 이어지는 복선

작성 조건

• 분량: 10페이지

• 형식: 시나리오 대본 (지문, 대사, 전환 포함)

• 톤: 긴장감 있고 미스터리한

위의 조건을 반영한 S#1~S#4 대본 워드 파일로 생성 시작

이 방식으로 열두 번의 턴을 진행하면 초고가 완성된다. 각 턴이 끝날 때마다, 생성된 대본 중에서 마음에 드는 버전을 선택하여 별도의 문서에 정리한다. 이 과정에서 문서 관리가 매우 중요하다.

데이터 관리와 피드백 루프

장편 시나리오 프로젝트에서는 문서 관리가 핵심이다. 열두 번 이상의 턴을 거치며 생성되는 수많은 버전들을 체계적으로 관리하지 않으면 혼란에 빠진다.

데이터 관리는 개인과 조직에 따라 사용하는 방식과 솔루션이 모두 다르다. 중요한 것은 인간과 인공지능이 모두 인식할 수 있도록 정제하는 과정이다.

이렇게 공들여 정리된 문서들은 클로드 프로젝트의 지식 파일로 업로드하여 AI가 항상 최신 정보를 참조할 수 있도록 한다.

초고가 완성되면 크로스 엔진 검증을 진행한다. 장편 시나리오에서는 이 과정이 더욱 중요하다. 120페이지 분량에서는 작은 불일치나 논리적 허점이 쌓이기 쉽기 때문이다.

장편 검증 체크 리스트

1. **구조적 완성도**: 각 막의 전환점이 명확한가? 중간 지점의 반전이 효과적인가?
2. **캐릭터의 일관성**: 주인공의 행동이 설정과 일치하는가? 120페이지 내내 성격이 흔들리지 않았는가?
3. **복선과 회수**: 1막에 심어 둔 복선이 3막에서 회수되는가?
4. **페이싱**: 2막 중반에서 처지지 않는가? 3막의 속도감이 적절

한가?

5. 감정선: 관객이 주인공에게 공감할 수 있는가? 클라이맥스의 감정적 임팩트가 충분한가?

이 체크리스트를 바탕으로 클로드에서 생성한 대본을 챗지피티나 제미나이에게 검토를 요청하고, 받은 피드백을 반영하여 수정한다. 가능하다면 전문가(시나리오 작가, 영화 기획자)의 피드백도 받는다.

장편 시나리오 완성 타임라인

현실적으로 AI와 함께 장편 시나리오를 완성하는 데 얼마나 걸릴까? 워크숍 참가자들의 실제 사례를 바탕으로 한 현실적인 타임라인은 다음과 같다.

- **1주차**: 프로젝트 설계 (제목, 로그라인, 인물, 아웃라인)
- **2주차**: 1막 대본 생성 및 수정
- **3주차**: 2막 전반부 대본 생성 및 수정
- **4주차**: 2막 후반부 대본 생성 및 수정
- **5주차**: 3막 대본 생성 및 수정
- **6주차**: 크로스 엔진 검증, 전문가 피드백 반영, 최종 수정

약 6주, 즉 한 달 반이면 장편 시나리오 초고를 완성할 수 있다. 물론 이것은 매일 2~3시간씩 꾸준히 작업했을 때 기준이다. 주말

에만 집중 작업한다면 2~3개월 정도가 필요하다.

중요한 것은 이 기간이 AI 없이 작업할 때의 절반 이하라는 점이다. 전통적인 방식으로 장편 시나리오 초고를 완성하는 데 평균 3~6개월이 걸렸다면, AI와 함께하면 1~2개월로 단축된다. 게다가 이 책의 원고를 교정하는 기간에 클로드 코워크 기능이 출시되었고, 작업 기간은 더욱 줄어들 것이다.

장편 시나리오는 마라톤과 같다. 처음 시작할 때의 열정만으로는 완주할 수 없다. 체계적인 페이스 조절, 중간중간의 보급, 그리고 결승선을 향한 끈기가 필요하다.

AI는 이 마라톤에서 당신의 페이스메이커가 되어 준다. 지치지 않고 달리는 동반자, 길을 잃었을 때 방향을 알려 주는 나침반, 힘들 때 격려해 주는 코치. 하지만 결국, 달리는 것은 당신이다.

당신의 이야기는
단편에 머물러 있을 필요가 없다.
장편의 세계로 나아가라.
AI는 준비되어 있다.
당신만 결심하면 된다.

드라마 대본 창작
: 시리즈 구조와 에피소드 설계

영화와 드라마, 무엇이 다른가?

영화 시나리오와 드라마 대본은 무엇이 다를까? 표면적으로 보면 둘 다 '시나리오'다. 대사와 지문으로 이루어진 영상 콘텐츠의 설계도. 하지만 그 안에 담긴 구조와 리듬, 그리고 관객과의 관계는 근본적으로 다르다.

영화는 '2시간의 완결된 여정'이다. 관객은 영화관에 앉아 처음부터 끝까지 하나의 이야기를 경험한다. 시작, 중간, 끝이 한 번의 관람으로 완성된다.

드라마는 '수십 시간에 걸친 확장된 세계'다. 시청자는 매주, 또는 매일 조금씩 이야기 세계에 방문한다. 에피소드마다 작은 완결이 있으면서도, 시즌 전체를 관통하는 큰 서사가 흐른다. 캐릭터와의 관계는 더 깊어지고, 세계관은 더 넓어진다.

이 차이는 AI와 작업할 때 완전히 다른 접근법을 요구한다. 영화 시나리오를 위한 CoS 프레임워크를 그대로 드라마에 적용하면 실패한다. 드라마만의 구조와 리듬을 이해해야 한다.

중요한 것은 영화와 드라마의 스토리텔링이 다른 핵심을 파악하는 일이다. 세부 내용은 인공지능이 당신보다 훨씬 잘 알고 있다는 사실을 잊지 말자. 그럼에도 원리를 알아야 조종할 수 있다.

드라마 구조의 레이어

드라마는 세 개의 구조적 레이어로 이루어진다. 이 레이어들을 이해하는 것이 드라마 창작의 첫걸음이다.

- 레이어 1: 시리즈 아크 Series Arc. 시리즈 전체를 관통하는 가장 큰 서사다. 주인공의 궁극적 목표, 핵심 갈등, 그리고 최종적인 변화가 이 레이어에 담긴다. 16부작 드라마라면, 1화에서 시작된 질문의 답을 16화에서 얻는다. 예를 들어, 복수극이라면 '주인공이 복수를 완성할 수 있을 것인가?'가 시리즈 아크의 핵심 질문이다. 로맨스라면 '두 주인공이 결국 함께할 수 있을 것인가?'가 된다.

- 레이어 2: 에피소드 아크 Episode Arc. 한 회 분량 안에서 완결되는 작은 서사다. 시청자가 해당 에피소드를 보고 '오늘 이야기는 여기까지구나.'라고 느끼는 단위다. 각 에피소드는 자체적인 기승전결을 가지면서, 동시에 시리즈 아크를 한 걸음 전진시킨다. 에피소드 아크가 약하면 시청자는 '오늘 회차는 내

용이 없었다.'고 느낀다. 시리즈 아크에만 집중하면 각 에피소드의 독립적 재미가 사라진다.

- **레이어 3**: 씬 아크 Scene Arc. 개별 장면 단위의 서사다. 각 씬은 작은 목표, 갈등, 결과를 가진다. 씬의 연속이 에피소드를 만들고, 에피소드의 연속이 시리즈를 만든다.

AI와 드라마를 쓸 때, 이 세 레이어를 항상 의식해야 한다. 지금 작업하는 것이 어느 레이어인지, 그리고 각 레이어가 어떻게 연결되는지 파악하고 있어야 일관된 서사를 유지할 수 있다.

한국 드라마의 포맷 이해

한국 드라마는 포맷에 따라 구조가 크게 달라진다. AI와 작업하기 전에 자신이 쓰려는 드라마의 포맷을 명확히 해야 한다.

■ 미니 시리즈 (16~20부작)

한국 드라마의 가장 전통적인 포맷이다. 회당 60~70분, 총 16~20화로 구성된다. 하나의 완결된 이야기를 전개하며, 시즌제가 아닌 단막극 형식이 대부분이다.

- **총 분량**: 약 600~800페이지 (회당 35~40페이지)
- **구조**: 4막 구조가 일반적 (1~4화: 설정, 5~8화: 전개, 9~12화: 위기, 13~16화: 절정과 해결)
- **특징**: 깊은 캐릭터 발전, 복잡한 관계 변화, 풍부한 서브플롯

■ **OTT 시리즈 (6~12부작)**

넷플릭스, 디즈니+, 티빙 등 OTT 플랫폼을 위한 포맷이다. 회당 50~60분, 총 6~12화로 구성되며, 시즌제로 운영되는 경우가 많다.

- **총 분량**: 약 200~600페이지 (회당 35~50페이지)
- **구조**: 빈지 워칭을 고려한 클리프행어 중심, 각 에피소드 끝에 강력한 훅 Hook
- **특징**: 빠른 전개, 높은 긴장감, 시즌 간 연결 고리

■ **숏폼 드라마 (50~100부작)**

최근 급성장하는 포맷이다. 회당 1~3분, 총 50~100화로 구성된다. 주로 모바일 플랫폼에서 소비되며, 세로 화면 최적화가 특징이다. 이 포맷은 10장에서 별도로 다룬다.

시리즈 바이블 만들기

드라마 프로젝트의 시작은 '시리즈 바이블 Series Bible'을 만드는 것이다. 시리즈 바이블은 드라마 전체의 설계도로, 모든 에피소드 작업의 기준점이 된다.

영화 시나리오에서 '아웃라인'이 핵심이었다면, 드라마에서는 '시리즈 바이블'이 핵심이다. 이것을 클로드 프로젝트의 지식 파일로 업로드하면, AI가 모든 에피소드에서 일관된 세계관과 캐릭

터를 유지할 수 있다.

■ 시리즈 바이블의 구성 요소

1. **콘셉트 페이지** (1~2페이지): 드라마의 핵심 아이디어, 로그라인, 장르, 톤앤매너, 타깃 시청자를 담는다. 이 한 장만 봐도 어떤 드라마인지 알 수 있어야 한다.

2. **캐릭터 가이드** (10~20페이지): 주요 등장인물의 상세 프로필이다. 16화 동안 이 인물들과 함께해야 하기 때문에 영화보다 훨씬 상세하게 작성한다. 각 캐릭터의 과거사, 현재 상황, 내면의 욕망과 두려움, 다른 캐릭터와의 관계, 그리고 시리즈 전체에 걸친 변화 아크를 포함한다.

3. **세계관 가이드** (5~10페이지): 이야기가 펼쳐지는 세계의 규칙이다. 시대적 배경, 주요 장소, 사회적 맥락, 판타지나 SF의 경우 특수한 규칙들을 정리한다.

4. **시리즈 아크 아웃라인** (3~5페이지): 전체 시리즈의 큰 흐름이다. 1화에서 16화까지 주인공의 여정이 어떻게 전개되는지, 주요 전환점은 어디인지, 클라이맥스와 결말은 어떤 모습인지 정리한다.

5. **에피소드 로그라인** (2~4페이지): 각 에피소드의 핵심 내용을 한두 문장으로 요약한다. 이것이 있어야 전체 이야기의 흐름을 한눈에 파악할 수 있고, 개별 에피소드 작업 시 방향을 잃지 않는다.

시리즈 바이블 콘셉트 페이지 생성

아래 조건을 반영한 드라마 시리즈 바이블 콘셉트 페이지 작성

기본 정보
• 제목: 일곱 시에, 우리는
• 장르: 로맨스 휴먼 드라마
• 포맷: OTT 시리즈 6부작 (회당 40분)
• 타깃: 25~39세 여성

로그라인
3년간의 연애 끝에 청혼을 거절당한 30대 요리사가 상처를 치유하기 위해 '실연 조찬모임'을 만들지만, 마지막 멤버로 자신을 차버린 전 연인이 나타나면서 매일 아침 같은 테이블에 앉아야 하는 상황에 놓인다.

콘셉트 페이지 구성
1. 핵심 콘셉트 (한 문단)
2. 장르와 톤앤매너
3. 시리즈의 핵심 질문
4. 시청자 후킹 포인트
5. 유사 작품 레퍼런스

위의 조건을 반영한 콘셉트 페이지 생성 시작

시리즈 바이블이 완성되면, 이제 개별 에피소드를 설계한다. 각 에피소드는 독립적인 완결성과 시리즈 전체와의 연결성을 동

시에 가져야 한다. 이 균형을 맞추는 것이 드라마 작가의 핵심 역량이다.

한국 드라마 에피소드의 4막 구조

한국 드라마 1회분(60분)은 일반적으로 4막 구조를 따른다. 중간 광고가 없는 OTT의 경우에도 이 구조는 유효하다. 시청자의 집중력 리듬에 맞춰진 구조이기 때문이다. 쉽게 설명하면 4막 구조는 기승전결의 구조라고 볼 수 있다.

- **1막** (15분): 티저와 설정. 에피소드의 핵심 갈등을 제시한다. 이전 에피소드에서 이어지는 상황을 정리하고, 이번 에피소드에서 다룰 문제를 던진다.

- **2막** (15분): 갈등의 전개. 문제가 복잡해진다. 주인공이 해결을 시도하지만 새로운 장애물을 만난다. 서브플롯이 진행된다.

- **3막** (15분): 위기의 고조. 갈등이 최고조에 달한다. 주인공은 선택의 기로에 선다. 긴장감이 정점을 향해 치닫는다.

- **4막** (15분): 해결과 훅. 이번 에피소드의 갈등이 (일시적으로) 해결된다. 하지만 새로운 질문이나 위기가 던져지며 다음 에피소드로의 훅Hook이 걸린다.

드라마의 생명선은 '다음 회가 궁금하게 만드는 것'이다. 각 에피소드 끝에 시청자를 붙잡아 두는 클리프행어 Cliffhanger가 필요하다.

좋은 클리프행어는 단순한 충격이 아니다. 시리즈 아크와 연결되어야 하고, 캐릭터의 핵심 갈등을 건드려야 한다. '이 캐릭터가 이 상황에서 어떤 선택을 할까?'라는 질문을 던지는 것이 가장 강력한 클리프행어다.

에피소드 아웃라인 생성

아래 조건을 반영한 드라마 1화 에피소드 아웃라인 생성

시리즈 정보
• 제목: 일곱 시에, 우리는
• 장르: 로맨스 휴먼 드라마
• 포맷: 6부작 (회당 40분)

시리즈 아크 요약
주인공 민우가 실연 조찬모임을 통해 상처를 치유하고, 전 연인 수연과의 재회를 통해 과거와 마주하며 진정한 사랑의 의미를 깨닫는 여정

1화 목표
• 주인공 민우와 조찬모임 설정
• 일상 세계와 핵심 갈등 제시
• 수연의 등장 (에피소드 끝 클리프행어)

```
# 아웃라인 형식
## 1막 (S#1~S#5): 티저와 설정
## 2막 (S#6~S#10): 갈등의 전개
## 3막 (S#11~S#15): 위기의 고조
## 4막 (S#16~S#20): 해결과 훅

각 막별 주요 씬과 핵심 비트를 포함한 아웃라인 생성 시작
```

드라마 대본의 멀티턴 생성

7장에서 배운 멀티턴 전략을 드라마에 적용한다. 드라마의 경우, 에피소드 단위로 작업하되 각 에피소드를 막 단위로 나누어 생성한다.

회당 40분 분량의 6부작 OTT 드라마를 가정하면, 회당 약 50페이지, 총 300페이지 분량이다. 각 에피소드를 네 번의 턴(막당 1턴)으로 생성하면, 총 스물네 번의 턴으로 전체 드라마를 완성할 수 있다.

- **1화**: 네 번의 턴 (1막~4막, 각 10~15페이지)
- **2화**: 네 번의 턴
- **3화~6화**: 각 네 번의 턴
- **총 스물네 번의 턴** → 6부작 완성

드라마에서 가장 중요한 것은 에피소드 간의 연결이다. 각 에 피소드 작업을 시작할 때, 이전 에피소드의 마지막 장면을 요약 해서 맥락을 제공해야 한다.

드라마 대본 생성 (2화 시작)

아래 조건을 반영한 드라마 대본 생성

기본 정보
• 제목: 일곱 시에, 우리는
• 현재 위치: 2화 1막 (S#1~S#5)

이전 에피소드 요약
(1화 끝) 민우의 실연 조찬모임 마지막 멤버로 수연이 나타났다. 3년 만의 재회. 서로를 알아본 두 사람. 어색한 침묵 속에서 다른 멤버들만 눈치 없이 환영 인사를 건넨다. 민우: "... 오랜만이네." (마지막 대사)

2화 1막 목표
• 수연 등장 후 첫 아침, 어색한 조찬모임
• 민우와 수연의 과거 회상 (짧게)
• 다른 멤버들의 반응과 궁금증
• 민우의 내면 갈등 심화

작성 조건
• 분량: 10~12페이지
• 형식: 드라마 대본 (지문, 대사, 전환)

- 톤: 서늘한 긴장감 속 유머

위의 조건을 반영한 2화 1막 대본 생성 시작

에피소드 전체를 관통하는 캐릭터 아크

영화의 주인공은 2시간 안에 변화하지만, 드라마의 주인공은 10시간 이상에 걸쳐 변화한다. 이 긴 여정을 설득력 있게 만드는 것이 드라마 작가의 가장 큰 도전이다.

캐릭터 아크를 관리하기 위해, 나는 '에피소드별 캐릭터 상태표'를 만들 것을 권장한다. 각 에피소드 끝에서 주요 캐릭터들의 심리 상태, 관계 변화, 알게 된 정보를 기록하는 것이다.

캐릭터 상태표 예시

[민우 - 에피소드별 상태]

1화 끝: 수연 재회로 충격. 분노와 혼란. "왜 여기 왔어?"

2화 끝: 거리 두기 시도. 하지만 신경 쓰임. "난 괜찮아." 자기 암시

3화 끝: 수연의 사정을 알게 됨. 연민과 혼란 공존. 경계심 약화

4화 끝: 과거 회상. 자신의 책임을 인식하기 시작. 죄책감 대두

5화 끝: 진심 대화. 감정 인정. "미안했어." 첫 고백

6화 끝: 새로운 시작. 과거 청산. 진정한 관계로 나아감

이 상태표를 지식 파일로 업로드하고 매 에피소드 작업 후 업데이트하면, AI가 캐릭터의 현재 상태를 정확히 파악하고 일관된 행동과 대사를 생성할 수 있다.

서브플롯의 직조

드라마는 영화보다 더 많은 서브플롯을 수용할 수 있다. 주인공의 이야기 외에도 조연들의 이야기, 별개의 갈등 라인, 로맨스와 우정의 복합적 관계가 펼쳐진다. 하지만 서브플롯이 많아지면 관리가 어려워진다. AI와 작업할 때 서브플롯을 놓치거나, 시작만 하고 끝맺지 못하는 경우가 발생한다. 이를 방지하기 위해 '서브플롯 트래커'를 만들어 관리한다.

- **A플롯**(메인): 민우-수연의 재회와 화해
- **B플롯**: 조찬모임 멤버 지현의 이혼 위기
- **C플롯**: 민우의 요리사 복귀 도전
- **D플롯**: 수연이 민우를 떠난 진짜 이유 (미스터리 라인)

각 서브플롯이 몇 화에서 시작되고, 어느 에피소드에서 전환점을 맞이하며, 언제 해결되는지 미리 계획한다. 이 계획이 있어야 AI가 각 에피소드에서 적절한 비중으로 서브플롯을 진행시킬 수 있다.

드라마 완성 타임라인

AI와 함께 6부작 OTT 드라마를 완성하는 현실적인 타임라인은 다음과 같다.

- **1~2주차**: 시리즈 바이블 완성 (콘셉트, 캐릭터, 세계관, 시리즈 아크)
- **3주차**: 전체 에피소드 로그라인 및 1화 상세 아웃라인
- **4주차**: 1화 대본 완성
- **5~8주차**: 2~6화 대본 완성 (주당 1화 페이스)
- **9~10주차**: 전체 검토, 크로스 엔진 검증, 수정

약 10주, 두 달 반이면 6부작 드라마의 초고를 완성할 수 있다. 16부작 미니 시리즈의 경우, 이 기간의 2~2.5배 정도로 예상하면 된다. 물론 LLM 성능이 예측할 수 없을 정도로 빠르게 발전하기 때문에 작업 기간은 분명히 더 단축될 것이다. AI 시대의 3주는 AI가 없던 시대의 3개월이다.

매 에피소드가 새로운 약속이다

영화 관객은 한 번의 약속으로 충분하다. 2시간 동안 좋은 경험을 선사하면 된다. 드라마 시청자는 매 에피소드마다 새로운 약속을 요구한다. "이번 주도 볼 만했어. 다음 주도 기대해."라는 신뢰를 16번 연속으로 쌓아야 한다. 한 번이라도 그 약속이 깨지

면, 시청자는 떠난다.

　AI는 이 약속을 지키기 위해 활용할 수 있는 강력한 도구이다. 시리즈 바이블과 캐릭터 상태표, 서브플롯 트래커를 통해 일관성을 유지하고, 멀티턴 전략으로 각 에피소드의 품질을 균일하게 관리할 수 있다. 하지만 궁극적으로 그 약속을 설계하는 것은 당신이다. AI는 도구이고, 약속을 만드는 것은 작가의 몫이다.

당신의 이야기가 시청자와 맺는 약속은 무엇인가?
그 약속을 지킬 수 있는가?
매 에피소드, 매 장면에서?
AI는 기억하고 있다.

웹툰 스토리 창작
: 시각적 내러티브의 비밀

세로 스크롤의 혁명

2010년 봄, 나는 다음 만화 속 세상(現 카카오페이지)에서 미스터리 판타지 웹툰 '샤먼'을 연재했다. 직접 스토리를 기획하고, 그림 작가와 협업하여 세상에 선보인 작품이었다. 이후 '황태자의 하루', '조선의 복수', '깡' 등을 연재하면서 타파스 미디어와 텐센트를 통해 미국과 중국에도 수출할 수 있었다. 이 경험은 내게 웹툰이라는 매체가 영화나 드라마와 얼마나 다른지를 뼈저리게 깨닫게 해 주었다.

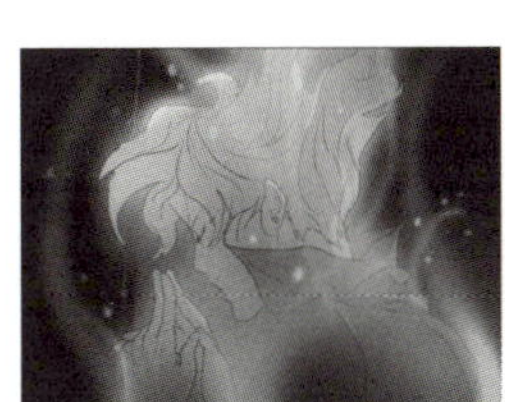

▲ 샤먼

▲ 황태자의 하루

조선의 복수 ▶

◀ 깡

웹툰은 '읽는' 콘텐츠가 아니다. '스크롤하는' 콘텐츠다. 독자는 손가락으로 화면을 쓸어 올리며 이야기를 경험한다. 이 단순한 물리적 행위가 스토리텔링의 모든 것을 바꾼다. 페이지를 넘기는 만화책, 시간의 흐름을 따라가는 영화와 달리, 웹툰은 공간의 흐름을 따라간다. 위에서 아래로, 끊임없이.

웹툰만의 문법

영화에는 '컷'이 있고, 드라마에는 '씬'이 있다. 웹툰에는 '컷'이 있지만, 그 컷의 작동 방식은 영화와는 완전히 다르다.

웹툰 독자의 스크롤 속도는 일정하지 않다. 대사가 많은 컷에서는 느려지고, 액션 장면에서는 빨라진다. 이 리듬을 이해하고 설계하는 것이 웹툰 스토리 작가의 핵심 역량이다.

예를 들어, 긴장감 있는 장면에서는 컷 사이에 여백을 두어 독자의 스크롤을 의도적으로 멈추게 한다. 반대로 속도감 있는 추격 장면에서는 컷을 밀집시켜 빠르게 스크롤하게 만든다.

웹툰 한 화의 마지막 컷은 드라마의 클리프행어와 같은 역할을 한다. 독자가 다음 화를 클릭하게 만드는 결정적 순간이다. '샤먼' 작업 중 가장 공들였던 부분이 바로 이 엔딩 컷이었다.

좋은 엔딩 컷은 질문을 던진다. '저 사람은 누구지?', '주인공이 어떻게 빠져나가지?', '그 말의 의미는 뭐지?' 이 질문이 독자를 다음 화로 이끈다.

웹툰의 말풍선은 작다. 모바일 화면에서 읽어야 하기 때문이다. 이것은 시나리오 대사와는 완전히 다른 제약이다.

- **영화 대사**: "나는 네가 왜 그런 선택을 했는지 이해할 수 없어. 그건 우리 모두를 위험에 빠뜨리는 행동이었어!"

- **웹툰 대사**: "왜 그랬어?" / "다 위험해졌잖아."

같은 감정을 훨씬 적은 글자로 전달해야 한다. 나머지는 그림이 담당하기 때문이다.

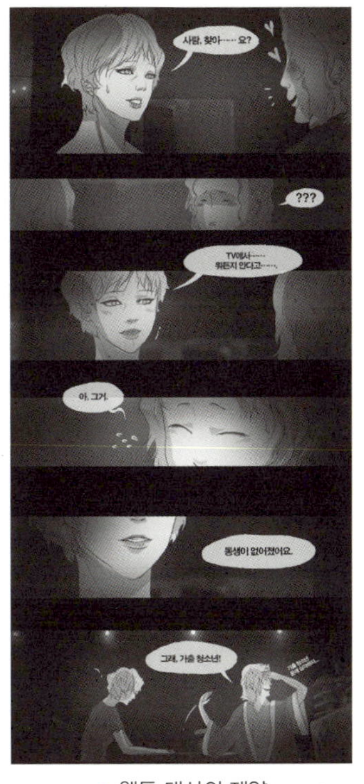

▲ 웹툰 대사의 제약

웹툰 스토리의 구조

웹툰은 보통 70~100화, 길게는 200화 이상 연재된다. 이것은 16부작 드라마보다 훨씬 긴 서사다. 이 긴 여정을 어떻게 설계할 것인가?

장기 연재 웹툰은 대부분 시즌제 구조를 채택한다. 전체 이야기를 몇 개의 큰 아크(Arc)로 나누고, 각 아크 안에서 완결된 갈등을 다루면서 전체 서사를 진행시킨다.

- **프롤로그** (1~5화): 세계관 소개, 주인공 등장, 핵심 갈등 암시
- **시즌 1** (6~30화): 첫 번째 큰 아크, 주인공의 성장과 위기 극복
- **시즌 2** (31~60화): 두 번째 아크, 새로운 적과 동료, 갈등 심화
- **시즌 3** (61~90화): 최종 아크, 궁극의 대결과 결말

웹툰 한 화는 보통 60~80컷으로 구성된다. 이 안에서 작은 서사 단위가 완결되어야 한다. 독자가 '오늘 화는 재미있었다.'고 느끼려면, 매 화마다 작은 만족감을 줘야 한다.

웹툰 한 화의 기본 구조는 아래와 같다.

1. **오프닝** (5~10컷): 지난 화 이어받기 또는 새로운 상황 설정
2. **전개** (30~40컷): 이번 화의 핵심 사건 진행
3. **클라이맥스** (10~15컷): 긴장의 정점
4. **엔딩** (5~10컷): 훅 또는 여운

기본적인 규격은 있지만, 형식 또한 창의적으로 변형할 수 있어야 한다. 내가 15년 전 '샤먼'을 연재할 당시의 구조와 현재의 구조도 다르다. 시대에 따라 독자에 따라 규격은 바뀔 수 있다. 하지만 절대 바뀌지 않는 규칙이 하나 있다. 그건 바로 재미다.

AI와 웹툰 스토리 작업하기

웹툰 스토리 작가가 하는 일은 시나리오 작가와 다르다. 대사와 상황만 쓰는 것이 아니라, 어떤 그림으로 표현되어야 하는지 구체적으로 지시해야 한다. 이것을 '콘티' 또는 '스토리보드'라고 부른다. AI와 웹툰 스토리를 작업할 때는 두 가지 산출물이 필요하다. 첫째는 '플롯과 대사', 둘째는 '시각적 지시'다.

드라마와 마찬가지로, 웹툰도 시리즈 바이블에서 시작한다. 다만 웹툰 바이블에는 시각적 요소가 추가된다.

프롬프트: 웹툰 시리즈 바이블 콘셉트 생성

아래 조건을 반영한 웹툰 시리즈 바이블 콘셉트 페이지 작성

\# 기본 정보
• 제목: [웹툰 제목]
• 장르: [장르]
• 연재 분량: 총 80화 예정 (시즌 3개)
• 타깃 독자: [타깃층]
• 연재 플랫폼: 카카오페이지/네이버 웹툰

\# 콘셉트 페이지 구성
1. 한 줄 콘셉트
2. 세계관 요약 (시대, 장소, 특수 설정)
3. 시각적 톤앤매너 (그림체 참고, 색감, 분위기)

4. 주인공 비주얼 키워드

5. 시즌별 핵심 아크 요약

위의 조건을 반영한 콘셉트 페이지 생성 시작

웹툰 캐릭터 시트는 영화나 드라마보다 시각적 정보가 훨씬 중요하다. 성격과 배경뿐만 아니라, 외모, 복장, 특징적인 소품, 표정 패턴까지 구체적으로 정의해야 한다. 그림 작가가 일관된 캐릭터를 그릴 수 있어야 하기 때문이다.

프롬프트: 웹툰 캐릭터 시트 생성

아래 조건을 반영한 웹툰 주인공 캐릭터 시트 생성

기본 정보
- 작품: [웹툰 제목]
- 장르: [장르]
- 역할: 주인공

캐릭터 시트 구성

기본 정보

이름, 나이, 성별, 직업/신분

성격과 내면

핵심 성격, 결핍, 욕망, 두려움, 말버릇

비주얼 설정

- 체형: (키, 체격)

- 얼굴: (얼굴형, 눈, 코, 입, 특징)

- 헤어: (길이, 색, 스타일)

- 의상: (기본 복장, 색상 팔레트)

- 소품: (항상 지니는 물건)

- 상징색: (캐릭터 대표 색상)

표정 가이드

- 기본 표정

- 화날 때

- 슬플 때

- 기쁠 때

- 전투/긴장 시

위의 조건을 반영한 캐릭터 시트 미드저니 프롬프트로 생성 시작

AI와 콘티 작성하기

콘티는 웹툰의 설계도다. 각 컷에 무엇이 그려질지, 대사는 무엇인지, 컷의 크기와 배치는 어떤지를 지시하는 문서다. AI와 콘티를 작업할 때는 시각적 지시를 구체적으로 써야 한다.

콘티는 컷 번호, 시각 지시, 대사, 효과음, 연출 노트로 구성된다. 각 요소가 명확해야 그림 작가가 정확하게 의도를 파악할 수 있다.

콘티는 작가마다 형식이 조금씩 다르다. 인공지능은 이미 콘티의 포맷을 잘 알고 있다. 내가 만들고 싶은 콘티의 형식 데이터를 입력하고, 콘티를 만들 엔진을 선택한 후, 콘티 작성 프롬프트를 생성해서 사용하면 된다.

프롬프트: 웹툰 콘티 생성

아래 조건을 반영한 웹툰 콘티 생성

기본 정보
• 작품: [제목]
• 회차: [N화]
• 장면: [장면 설명]

이전 컷 요약
[컷 10~14 요약]

이번 장면 목표
[이 장면에서 전달해야 할 감정/정보/전환]

콘티 형식
- 각 컷마다:
- 컷 번호
- 크기 (세로 풀컷/가로 풀컷/반컷/소컷)
- 시각 지시 (누가, 어디서, 무엇을, 어떤 표정으로)
- 구도 (앵글, 거리, 배치)

- 대사 (말풍선 내용)

- 효과음

- 연출 노트

분량 10~15컷

위의 조건을 반영한 나노바나나 콘티 생성 프롬프트 작성 시작

그림 작가 또는 이미지 엔진과의 협업

웹툰 스토리 작가는 혼자 작품을 완성하지 않는다. 그림 작가와의 협업이 필수다. AI로 생성한 스토리와 콘티를 그림 작가에게 전달하고, 피드백을 주고받는 과정이 있다. 최근에는 그림 작가 대신 직접 이미지 생성 엔진을 통해 작업할 수도 있다. 이때 중요한 것은 '과도한 지시'와 '부족한 지시' 사이의 균형이다.

모든 컷을 밀리미터 단위로 지시하면 그림 작가의 창의성이 떨어지고, 반대로 너무 추상적으로 지시하면 의도가 전달되지 않는다. AI 엔진과의 작업도 마찬가지다. 가장 중요한 핵심은 '무엇을 What'은 명확히, '어떻게 How'는 유연하게 지시하는 것이다. '주인공이 분노하는 장면'이라는 '무엇'은 명확히 하되, '어떤 구도로 표현할지'는 그림 작가의 재량에 맡기는 식이다.

웹툰은 가장 접근성 높은 스토리텔링 매체다. 누구나 스마트폰

만 있으면 출퇴근길 지하철에서, 점심시간 카페에서, 잠들기 전 침대에서 이야기를 만날 수 있다. 이 접근성은 동시에 도전이다. 독자의 이탈 장벽이 낮다. 재미없으면 바로 다른 웹툰으로 넘어간다. 그래서 매 화, 매 컷이 중요하다. 한 순간도 독자를 놓치면 안 된다.

AI는 이 치열한 매체에서 강력한 도구가 되었다. 매 화의 아이디어 발상, 대사 다듬기, 콘티 구성에 AI의 도움을 받으면 혼자 작업할 때보다 훨씬 빠르고 풍성하게 스토리를 만들 수 있다.

웹툰은 결국 '그림으로 말하는 이야기'다. 스토리 작가가 아무리 좋은 이야기를 써도, 시각적으로 표현되지 않으면 의미가 없다. AI와 작업할 때도 항상 '이것이 어떤 그림이 될까?'를 상상하며 써야 한다.

숏폼 드라마 창작
: 효율성과 몰입의 균형

90초의 마법

2024년 말, 나는 숏폼 드라마 시나리오 AI 어시스턴트 '원더스토리WonderStory' 개발에 참여했다. 내가 개발한 '이야기의 사슬Chain of Story' 프롬프트 워크플로

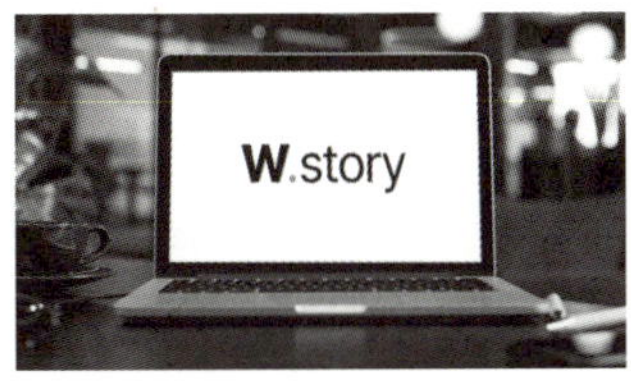

▲ 원더스토리

우를 숏폼 드라마에 특화시킨 소중한 경험이었다.

이 프로젝트를 진행하면서 깨달은 것이 있다. 숏폼 드라마는 기존 드라마나 영화와는 완전히 다른 생물이라는 것. 90초에서 3분 사이에 이야기의 시작, 중간, 끝을 모두 담아야 한다. 그리고 그 짧은 시간 안에 시청자의 손가락을 멈추게 만들어야 한다.

글로벌 숏폼 드라마 시장은 2024년 기준 20조 원 규모로 성장했다. 일반 드라마와 달리 숏폼 드라마는 적은 제작 예산과 짧은 제작 기간으로 인해 효율적인 제작 프로세스가 핵심 경쟁력이 된다. 바로 여기에 AI의 역할이 있다.

숏폼 드라마는 무엇이 다른가?

숏폼 드라마는 모바일 플랫폼에서 세로 화면으로 소비되는 1~3분 분량의 드라마 콘텐츠다. 중국에서 시작되어 전 세계로 확산되었으며, 한국에서도 다양한 플랫폼이 등장하고 있다.

숏폼 드라마가 기존 콘텐츠와 다른 점은 무엇일까?

첫째, 숏폼 드라마 서사의 본질은 극한의 시간 압축이다. 16부작 드라마가 16시간, 영화가 2시간이라면, 숏폼 드라마 한 편은 약 90초다. 이 짧은 시간 안에 '시작-갈등-해결'의 완결된 서사를 담아야 한다. 그러나 숏폼 드라마는 한 편으로 끝나지 않는다. 50~100화가 연속되어 하나의 시리즈를 이룬다. 각 에피소드는 독립적인 완결성을 가지면서도 전체 이야기와 연결되어야 한다. 이것이 숏폼 드라마 작가의 가장 큰 도전이다.

둘째, 세로 화면의 문법이다. 숏폼 드라마는 9:16 세로 화면으로 소비된다. 이것은 단순한 화면 비율의 차이가 아니다. 클로즈업 중심의 연출, 한 화면에 한 인물만 담는 구성, 자막의 적극적 활용 등 새로운 영상 문법이 필요하다. 시나리오 작가도 이 특성

출처: 박스미디어(나의 일일 약혼자)

촬영 16:9 (4K)　　　방송 9:16 (2K)

을 이해해야 한다. 풍경 묘사나 군중 장면은 피하고, 인물의 표정 과 감정 전달에 집중해야 한다. 대사도 짧고 강렬해야 하며, 시각 적 정보만으로도 이야기가 전달되어야 한다.

셋째, 스와이프 문화다. 숏폼 시청자는 '스와이프 결정'을 0.5초 안에 내린다. 시작 3초 안에 시청자를 사로잡지 못하면 바 로 다음 콘텐츠로 넘어간다. 이것은 기존 콘텐츠와 근본적으로 다른 소비 패턴이다. 따라서 숏폼 드라마의 첫 장면은 무조건 훅 Hook 이어야 한다. 충격적인 상황, 강렬한 감정, 궁금증을 유발하 는 미스터리로 시작해야 한다. '서론'이라는 개념이 없다. 바로 사건 한가운데로 뛰어들어야 한다.

숏폼 드라마의 구조

숏폼 드라마는 시리즈 아크(전체 이야기)와 에피소드 아크(개 별 회차) 두 개의 레이어로 구성된다. 숏폼 드라마 시리즈는 보통 50~100화로 구성된다. 전체 러닝타임은 2~5시간 정도다. 이것을 크게 3~5개의 파트로 나누어 설계한다.

- **파트 1** (1~15화): 설정과 훅. 주인공 소개, 핵심 갈등 제시, 시 청자 유입
- **파트 2** (16~35화): 갈등 심화. 관계 복잡화, 장애물 등장, 긴장 감 고조
- **파트 3** (36~55화): 반전과 위기. 예상하지 못했던 전개, 주인공

의 최대 위기

- **파트 4** (56~70화): 클라이맥스와 해결. 갈등 해소, 감정적 만족, 시리즈 마무리

또한 각 에피소드는 90초~3분 안에 완결된 서사 단위를 가져야 한다. 이 짧은 시간 안에 세 가지 요소가 유기적으로 연결되어 있어야 시청자의 시간을 사로잡을 수 있다.

- **훅** Hook (0~10초): 첫 장면에서 시청자를 붙잡는다. 충격적인 대사, 긴장된 상황, 강렬한 감정으로 시작한다. '왜?'라는 질문을 던진다.
- **갈등** Conflict (10~70초): 이번 에피소드의 핵심 사건이 전개된다. 짧지만 명확한 갈등, 감정의 고조, 상황의 변화가 담긴다.
- **클리프행어** Cliffhanger (70~90초): 다음 화를 보지 않을 수 없게 만드는 마무리. 반전, 충격, 또는 해결 직전에서 끊는다. 시청자의 손가락을 '다음 화' 버튼으로 이끈다.

AI와 숏폼 드라마 창작하기

숏폼 드라마는 AI와의 협업에 가장 적합한 포맷이다. 빠른 제작 주기, 명확한 구조, 반복적인 패턴이 AI의 강점과 맞아떨어진다.

숏폼 드라마 시리즈 기획에서 가장 중요한 것은 '한 줄 콘셉트'다. 시청자가 3초 만에 이해할 수 있는 명확한 전제가 필요하다.

숏폼 드라마 대본은 일반 드라마 대본과 형식이 다르다. 분량이 매우 짧기 때문에, 모든 대사와 지문에 필수적인 것만 포함되어야 한다. 이러한 숏폼 드라마 제작 현장에서 가장 중요한 것은 속도다. 70화 분량의 대본을 2~3주 안에 완성해야 하는 경우도 많다. AI를 활용하면 회당 대본 초안을 30분 이내에 뽑아낼 수 있다. 물론 이것은 초안일 뿐이고, 작가의 수정과 감독의 피드백을 거쳐야 하지만, 기존 제작 기간 대비 최대 90%까지 단축할 수 있다.

숏폼 드라마는 반복되는 패턴 위에서 작동한다. 복수극이면 '모욕 → 반격' 패턴이, 로맨스면 '오해 → 화해' 패턴이 계속된다. AI는 이 패턴을 정확하게 재현할 수 있다. 하지만 패턴의 단순 반복은 지루함을 낳는다. 핵심은 '같은 패턴을 매번 다르게' 변주하는 것이다. 이 변주의 아이디어를 AI에게 요청하고, 그중 가장 신선한 것을 선택하는 것이 작가의 역할이다.

그래서 클리프행어 라이브러리를 만드는 것이 중요하다. 70화 분량의 시리즈라면 70개의 클리프행어가 필요하다. 매번 새로운 훅을 만들어내는 것은 어렵다. AI와 함께 미리 다양한 클리프행어 유형을 생성해 두고, 상황에 맞게 가져다 쓰는 것이 효율적이다.

■ 클리프행어 유형 예시

- **정체 암시형**: "그 사람이… 사장님 아들이라고요?"
- **반전 공개형**: 그가 계약서를 꺼내 든다. 거기 적힌 이름은…
- **위기 고조형**: 악당이 주인공 앞에 나타난다. "드디어 찾았다."
- **감정 폭발형**: 눈물을 흘리며 "나도 사랑해." 그리고 돌아선다.

- **미스터리형**: CCTV 영상. 그때 그곳에 있던 사람은 따로 있다.
- **선택 강요형**: "둘 중에 하나만 선택해. 회사를 살리거나, 그녀를 지키거나."

숏폼 드라마 창작 시 주의 사항

AI와 숏폼 드라마를 작업할 때 빠지기 쉬운 함정이 있다.

첫째는 과도한 클리셰 의존이다. AI는 학습 데이터에서 패턴을 추출한다. 숏폼 드라마의 인기 패턴을 잘 재현하지만, 그 결과 비슷비슷한 이야기가 나올 수 있다. 작가 고유의 관점과 신선한 변주가 없으면, AI가 만든 대본은 '어디서 본 것 같은' 느낌을 준다.

둘째, 감정의 깊이 부족이다. AI는 '슬픔'이나 '분노'의 표현을 생성할 수 있지만, 그 감정의 깊이를 이해하지는 못한다. 숏폼 드라마가 짧다고 해서 감정이 얕아도 되는 것은 아니다. 90초 안에도 시청자의 마음을 움직이는 진정성 있는 감정이 담겨야 한다. 이 부분은 작가가 직접 다듬어야 한다.

마지막은 연결성 상실에 대한 주의다. 70화를 각각 별도로 생성하면, 전체 이야기의 연결성이 약해질 수 있다. 복선이 회수되지 않거나, 캐릭터 성격이 일관되지 않는 문제가 발생한다. 프로젝트 설정을 잘 하고, 매 에피소드 작업 시 이전 내용을 참조하도록 해야 한다.

숏폼 드라마는 관심 경제 시대 콘텐츠 소비의 최전선이다. 가장 짧은 시간, 가장 작은 화면, 가장 빠른 판단. 이 극한의 조건에서 시청자를 사로잡아야 한다. AI는 이 싸움에서 강력한 무기가 된다. 빠른 아이디어 발상, 대량의 대본 생성, 패턴의 정확한 재현. 하지만 AI만으로는 부족하다. 시청자의 마음을 움직이는 것은 결국 인간의 감성이고, 뻔한 패턴을 신선하게 변주하는 것은 작가의 창의성이다.

다양한 숏폼 드라마 대본 제작에 참여하며 확인한 것은, AI가 창작자를 대체하는 것이 아니라 창작자가 본업의 핵심에 집중할 수 있도록 돕는 협업 파트너라는 사실이다. AI는 코파일럿, 당신의 부조종사다. 가끔 조종간을 넘겨줄 수는 있지만, 최종 방향을 정하는 것은 주조종사인 당신이다. 그리고 이제 숏폼 드라마는 대본부터 영상 제작까지 모든 과정이 AI 퍼스트로 가능한 수준으로 진화했다. 인공지능 기술의 가속도는 우리의 상상력보다 빠르다.

90초 안에 당신은 무엇을 담을 것인가?
첫 3초에 시청자를 붙잡을 수 있는가?
마지막 장면에서
'다음 화'를 누르게 만들 수 있는가?

AI에게 질문을 던지는 시대는 끝났다.
이제 AI가 당신에게 묻는다.

리버스 프롬프팅은 창작의 주도권을 인간에게 되돌려 주고,
AI 에이전트는 반복을 자동화해 이야기에 집중할 시간을 벌어 준다.
하지만 도구가 강력해질수록 윤리와 저작권이라는 질문도 무거워진다.
84억 뷰의 AI 슬롭 시대, 창작자는 법보다 먼저 문화를 바꿔야 한다.
두바이에서 열린 AI 영화제에서 <LILY>가 받은 13억 원 상금이 증명했듯
한국 AI 시네마의 승부처는 기술이 아니라 스토리다.

도메인 지식, 팬덤, IP, 워크플로우, 그리고 휴리스틱.
이 다섯 가지 힘을 엮는 사람이 스토리 엔지니어다.

Part 04

AI 스토리텔링의 미래

AI 리버스 프롬프팅을
활용한 인터랙티브 창작법

질문받는 작가가 되다

2026년 1월, 프롬의 새 시즌 워크숍에서 흥미로운 실험을 했다. 참가자들에게 두 가지 방식으로 시나리오를 작성해 보라고 요청했다. 첫 번째는 지금까지 배운 방식대로 프롬프트를 직접 작성해서 AI에게 결과물을 요청하는 것이었다. 두 번째는 정반대였다. AI에게 먼저 질문을 던지게 하고, 그 질문에 답하면서 이야기를 완성하는 것이었다.

결과는 놀라웠다. 첫 번째 방식으로 작업한 참가자들은 평균 15분 만에 1페이지 분량의 로그라인과 캐릭터 설정을 완성했다. 하지만 대부분이 "뭔가 빠진 것 같다.", "AI가 내 의도를 제대로 파악하지 못한다."는 불만을 토로했다.

두 번째 방식으로 작업한 참가자들은 평균 30분이 걸렸다. 조금 더 오래 걸렸지만, 결과물의 완성도가 확연히 달랐다. 무엇보다 참가자들의 반응이 달랐다.

"AI가 물어보는 질문에 답하다 보니, 내가 생각하지 못했던 부분을 채우게 됐어요."

"프롬프트를 어떻게 써야 할지 고민할 필요가 없어서 오히려 편했어요."

"마치 편집자와 대화하는 것 같았어요."

이것이 바로 리버스 프롬프팅 Reverse Prompting 이다.

리버스 프롬프팅이란 무엇인가?

기존의 프롬프팅은 인간이 질문하고 AI가 답하는 것이지만, 리버스 프롬프팅은 이 역할을 뒤집는다. AI가 질문하고 인간이 답한다. 얼핏 단순해 보이지만, 이 역할 전환은 창작 프로세스를 근본적으로 바꾼다.

첫째, 프롬프트 작성의 부담이 사라진다. 많은 창작자들이 AI 앞에서 막막함을 느끼는 이유는 '뭐라고 물어봐야 할지 모르겠다.'는 것이다. 좋은 프롬프트를 쓰려면 AI의 작동 원리를 이해해야 하고, 구조화된 언어로 의도를 전달해야 한다. 이것은 배워야 할 스킬이다.

하지만 리버스 프롬프팅에서는 AI가 질문을 던진다. 창작자는 그저 자신의 아이디어를 자연스럽게 대답하면 되기 때문에 프롬프트 작성 능력이 없어도 고품질의 결과물을 얻을 수 있다.

둘째, 빠진 부분을 체계적으로 채울 수 있다. 좋은 이야기에는 반드시 포함되어야 할 요소들이 있다. 주인공의 동기, 핵심 갈등, 타깃 관객, 톤앤매너…. 창작자가 직접 프롬프트를 쓰면 이런 요소들을 빠뜨리기 쉽다. 하지만 AI가 체계적으로 질문하면, 필수 요소를 빠짐없이 다룰 수 있다.

셋째, 대화를 통해 아이디어가 발전한다. 일방적으로 지시를 내리는 것보다, 대화를 통해 아이디어를 주고받는 것이 더 풍부한 결과를 낳는다. AI의 질문에 답하다 보면, 처음에는 생각하지 못했던 방향으로 이야기가 확장된다. 마치 좋은 편집자와 브레인스토밍을 하는 것과 같다.

인터랙티브 창작의 구조

리버스 프롬프팅을 활용한 인터랙티브 창작은 다음과 같은 구조로 진행된다. 내가 작업했던 'AI 기본법과 AI 슬롭 1위'라는 주제의 유튜브 영상 원고를 예시로 살펴보자.

1단계는 역할 설정이다. 먼저 AI에게 '질문하는 역할'을 부여한다. 이것은 퍼스트 프롬프트로 설정한다.

퍼스트 프롬프트 예시

당신은 20년 경력의 베테랑 유튜브 대본 작가입니다.

나는 유튜브 대본 기획자 겸 공동 작가입니다.

당신의 역할은 메인 작가이고, 나의 역할은 대본 기획자입니다.

대본 작성에 필요한 핵심 질문을 단계별로 하나씩 질문하고,

내가 답변한 내용을 토대로 대본을 작성합니다.

질문은 한 번에 하나씩만 합니다.

모든 필수 정보가 수집되면 대본 작성을 시작합니다.

이번 영상의 주제는 'AI 기본법과 AI 슬롭 1위'입니다.

질문을 시작하세요.

이 설정이 핵심이다. AI를 '답변자'에서 '질문자'로 전환시킨다.

2단계는 단계별 질문 수렴이다. AI가 체계적으로 질문을 던진다. 창작에 필요한 핵심 정보를 하나씩 수집하는 과정이다.

실전 대화 예시

AI: 이 영상의 핵심 타깃 시청자는 누구인가요? AI 시네마 관계자를 대상으로 할 건지, AI 기본법이 궁금한 일반 대중을 대상으로 할 건지에 따라 톤과 깊이가 달라집니다.

나: 대한민국 AI 콘텐츠 전문가

AI: 좋습니다. AI 콘텐츠 전문가 대상이라면 기본 개념 설명은 최소화하고, 법과 현실의 괴리, 실무적 시사점에 집중해야겠네요. 이 영상에서 전달하고자 하는 핵심 메시지(테이크)는 무엇인가요?

나: AI 기본법은 AI 슬롭을 막을 수 없다 + 슬롭의 본질은 법이 아니라 문화의 문제다

AI: 강력한 조합이네요. "법의 한계"를 먼저 보여 주고, "그래서 결국 문

화다."로 착지하는 구조가 되겠습니다. 영상의 '후크'로 쓸 구체적인 사례나 수치가 있으신가요?

이 대화에서 주목할 점이 있다. AI는 단순히 질문만 던지는 것이 아니라, 이전 답변을 반영해서 다음 질문을 조정한다. 'AI 콘텐츠 전문가 대상이라면 기본 개념 설명은 최소화하고'라는 피드백이 그 예다. 이것이 일방적인 설문조사와 대화형 인터뷰의 차이다.

3단계는 정보 통합과 검증이다. 충분한 정보가 수집되면, AI는 그것을 정리해서 확인을 요청한다.

AI **정보 통합 예시**

수집된 팩트를 확인해 주세요. 추가하거나 수정할 부분이 있으신가요?
제가 정리한 핵심 팩트입니다.
[오스카 AI 영화 문호 개방]
• 2025년 4월, 아카데미가 98회 오스카 규정 변경
• 핵심 문구: "AI 사용은 후보 선정에 유리하지도 불리하지도 않다."
• 품질과 인간 창작성 기준
[한국 AI 기본법]
• 세계 최초 AI 규제법 전면 시행
• 제31조: 생성형 AI 결과물에 워터마크 표시 의무
• 1년 이상 계도 기간
[법의 한계점 4가지]

이 단계는 단순한 요약이 아니다. AI가 수집한 정보를 구조화해서 보여 줌으로써, 창작자가 전체 그림을 확인하고 빠진 부분을 채울 수 있게 한다.

이제 모든 정보가 확인되면, AI가 최종 결과물을 생성한다. 이때 결과물은 처음부터 창작자의 의도와 맥락이 반영된 상태다. 추가적인 수정이 필요하더라도, 기본 방향이 잡혀 있기 때문에 훨씬 효율적이다.

리버스 프롬프팅 실전 템플릿

아래는 드라마 대본과 웹툰 스토리에서 사용할 수 있는 리버스 프롬프팅 시스템 프롬프트 템플릿이다.

드라마 대본 작성을 위한 리버스 프롬프트 템플릿

당신은 20년 경력의 드라마 시나리오 작가이자 스토리 컨설턴트입니다.

나는 시나리오 작가 지망생입니다.

시나리오 작성에 필요한 질문을 단계별로 하나씩 질문하고,

내가 답변한 내용을 토대로 시나리오 기획안을 작성합니다.

질문 순서

1. 장르와 포맷 (영화/드라마/웹드라마)

2. 타깃 관객

3. 핵심 테마 (이 이야기가 말하고자 하는 것)

4. 주인공의 결핍과 욕망

5. 핵심 갈등 구조

6. 톤앤매너

7. 레퍼런스 작품

8. 현재 가지고 있는 아이디어

9. 전체 구조 확인

10. 작업 시작 확인

모든 질문이 완료되면 로그라인과 캐릭터 설정부터 작성합니다.

웹툰 스토리용 템플릿

당신은 웹툰 스토리 전문 작가입니다.

나는 웹툰 스토리를 기획하는 크리에이터입니다.

웹툰 스토리 작성에 필요한 질문을 단계별로 하나씩 하고,

내가 답변한 내용을 토대로 웹툰 기획안을 작성합니다.

질문 순서

1. 장르 (로맨스/액션/판타지/일상 등)

2. 연재 플랫폼 (네이버 웹툰/카카오페이지 등)

3. 타깃 독자층

4. 핵심 콘셉트 (한 문장으로)

5. 주인공 설정

6. 세계관 특이점

7. 시즌 구성 계획

8. 비주얼 톤 (그림체 참고)

9. 차별화 포인트

10. 기획안 작성 확인

모든 질문이 완료되면 시리즈 바이블 형식으로 작성합니다.

리버스 프롬프팅과 CoS의 결합

4장에서 배운 CoS Chain of Story 프레임워크와 리버스 프롬프팅을 결합하면 더욱 강력한 창작 시스템이 된다. CoS의 5단계를 떠올려 보자.

- **1단계**: 이야기의 씨앗 (제목, 로그라인)
- **2단계**: 인물의 탄생 (캐릭터)
- **3단계**: 구조 세우기 (아웃라인)
- **4단계**: 대본 쓰기 (시나리오)
- **5단계**: 개선하기 (피드백)

기존 CoS에서는 각 단계마다 창작자가 프롬프트를 작성해야 했다. 하지만 리버스 프롬프팅을 적용하면, AI가 각 단계에서 필요한 질문을 던지고, 창작자는 답변만 하면 된다.

 **CoS + 리버스 프롬프팅 통합 템플릿**

당신은 AI 스토리텔링 전문가입니다.
아래 이야기의 사슬 프레임워크에 따라 단계별로 질문하고,
내 답변을 바탕으로 이야기를 완성해 갑니다.

1단계: 이야기의 씨앗

• 어떤 장르의 이야기인가요?

• 핵심 아이디어를 일곱 단어 이내로 표현한다면?

• 타깃 관객은 누구인가요?

2단계: 인물의 탄생

• 주인공은 어떤 사람인가요?

• 주인공의 결핍과 욕망은 무엇인가요?

• 적대자는 누구이고, 왜 주인공과 충돌하나요?

3단계: 구조 세우기

• 이야기의 시작점은 어디인가요?

• 가장 큰 반전이나 전환점은 무엇인가요?

• 결말에서 주인공은 어떻게 달라지나요?

4단계: 대본 쓰기

- 첫 장면에서 무엇을 보여 주고 싶으신가요?
- 가장 중요한 대사가 있다면 무엇인가요?
- 톤앤매너를 참고할 작품이 있나요?

#5단계: 개선하기
- 현재 초안에서 가장 약한 부분은 어디라고 생각하시나요?
- 추가하고 싶은 요소가 있나요?

각 단계에서 질문은 하나씩 순차적으로 진행합니다.

이 방식의 장점은 '프롬프트를 어떻게 써야 할지 모르겠다.'는 진입 장벽을 완전히 제거한다는 것이다. 창작자는 AI의 질문에 자신의 아이디어를 자연어로 답하면 된다. 구조화와 정리는 AI가 담당한다.

리버스 프롬프팅의 한계와 주의점

리버스 프롬프팅에는 몇 가지 한계와 주의점이 있다.

첫째, 초기 설정의 중요성이다. AI가 좋은 질문을 던지려면, 처음에 역할과 맥락을 정확하게 설정해야 한다. 퍼스트 프롬프트가 부실하면 AI의 질문도 피상적이 된다. "대본 작가 역할을 해 줘." 보다 "20년 경력의 베테랑 드라마 대본 작가로서, 대본 기획에 필요한 핵심 질문을 단계별로 하나씩 던져 줘."가 훨씬 효과적이다. 당신의 의도를 구체적으로 시시콜콜하게 담을수록 좋다.

둘째, 창작자의 주도권 유지다. AI가 질문을 던진다고 해서 AI가 이야기의 방향을 결정하는 것은 아니다. 모든 답변은 창작자가 한다. AI의 질문이 마음에 들지 않으면, "그 질문은 건너뛰고 다른 것을 물어 봐."라고 할 수 있다. 주도권은 항상 창작자에게 있다.

셋째, 질문의 깊이 조절이다. AI가 너무 세부적인 질문을 던지면, 창작자가 지칠 수 있다. 반대로 너무 포괄적인 질문만 하면 충분한 정보가 수집되지 않는다. 시스템 프롬프트에서 "핵심 질문 10개 이내로"처럼 범위를 지정하는 것이 좋다.

넷째, 결과물의 검증이다. 리버스 프롬프팅으로 수집된 정보를 바탕으로 AI가 결과물을 생성하더라도, 최종 검토는 창작자의 몫이다. AI가 질문과 답변을 정확하게 반영했는지, 빠진 부분은 없는지 확인해야 한다.

질문하는 AI, 답하는 인간

리버스 프롬프팅은 AI와 인간의 스토리텔링 작업 방식을 근본적으로 바꾼다. 기존 방식에서 인간은 '올바른 질문'을 만들어야 하는 부담을 졌다. 프롬프트 엔지니어링이라는 새로운 스킬을 배워야 했고, AI의 작동 원리를 이해해야 했다. 이것은 진입 장벽이었다.

리버스 프롬프팅에서 인간은 '자신의 아이디어'에만 집중하면 된다. 질문의 설계는 AI가 담당한다. 인간은 자신이 가장 잘 아는 것, 즉 자신의 이야기를 말하면 된다. 이것이 "인간이 시작하고, 인간이 마무리한다."는 원칙의 또 다른 구현이다. AI가 질문을 던지지만, 답을 만드는 것은 인간이다. AI가 결과물을 생성하지만, 최종 판단은 인간이 한다.

텍스트 기반의 리버스 프롬프팅은 이야기 창작 방식의 미래를 투영하는 창이다. 인공지능이 곧 보이스 기반의 멀티 모달, AI 디바이스 기반의 옴니 모달로 진화한다면, 이야기를 만드는 일은 지금처럼 컴퓨터 앞이 아닌, 생활 속 어딘가에서 이루어질 것이다. 아니, 꿈 속에서도 이야기를 만들 수 있을지 모른다.

프롬프트를 쓰는 것이 어렵다면, AI에게 질문을 맡겨라.
당신은 답만 하면 된다.
그 답 속에 당신의 이야기가 있다.
곧, 꿈도 이야기가 된다.

AI 에이전트와
자동화 워크플로우 구축

빌더의 시대가 온다

출처: TechCrunch/CC BY

▲ 샘 알트만

2026년 1월, 오픈AI가 AI 빌더들을 위한 타운홀 미팅을 열었다. 샘 알트만은 오프닝에서 이렇게 말했다.

"현재 AI 산업은 최고의 빌더 도구가 만들어지는 미친 변곡점에 도달해 있습니다."

그의 말에 담긴 의미는 명확했다. 모델이 발전하는 방향이 보이고, 곧 이 모델들을 활용해 세상을 최대한으로 확장할 수 있는 도구를 만들게 될 것이라는 전망이었다. 그리고 그 도구를 만드는 사람들, 바로 '빌더'들의 시대가 온다는 선언이었다.

리버스 프롬프팅이 '대화의 방향'을 바꾸는 것이었다면, 에이전트는 'AI가 스스로 작업을 수행하는 것'이다. 에이전트Agent라는 단어의 사전적 의미는 '대리인'이다. AI 에이전트는 말 그대로 당신을 대신해서 작업을 수행하는 AI 시스템이다.

기존의 AI 사용 방식을 떠올려 보자. 당신이 프롬프트를 입력하면, AI가 응답한다. 당신이 다시 프롬프트를 입력하면, AI가 다시 응답한다. 모든 상호작용에서 당신이 주도권을 쥐고 있다. AI는 당신의 명령을 기다리는 수동적인 존재다.

에이전트는 다르다. 에이전트는 목표를 부여 받으면 스스로 계획을 세우고, 필요한 도구를 사용하고, 중간 결과를 평가하고, 다음 단계를 결정한다. 당신이 매번 지시하지 않아도, 에이전트는 목표를 향해 자율적으로 움직인다.

예를 들어 보자.

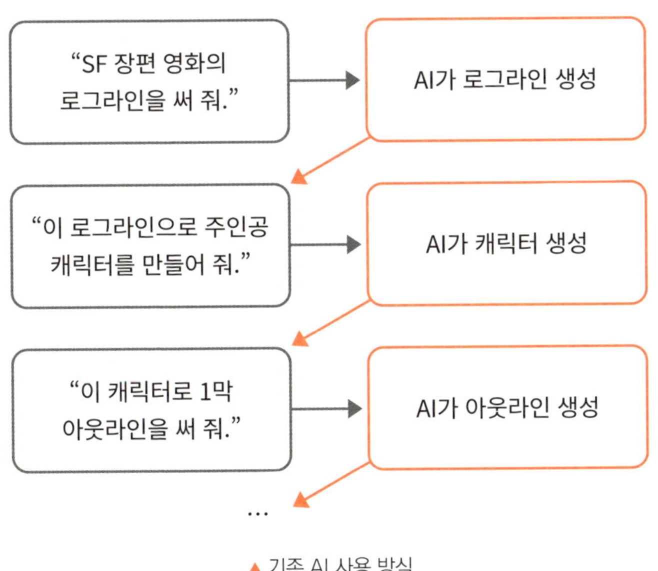

▲ 기존 AI 사용 방식

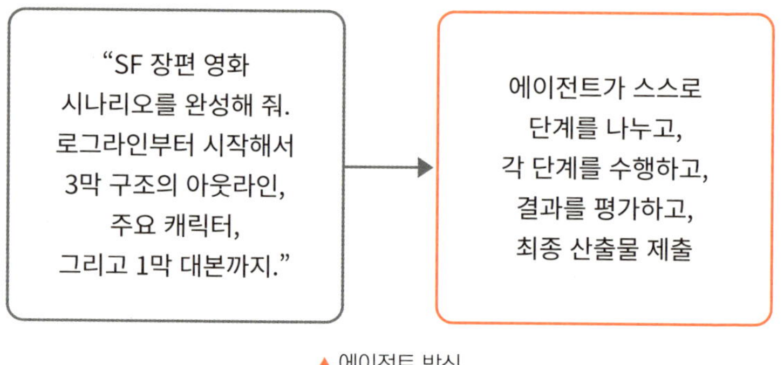

▲ 에이전트 방식

에이전트의 핵심 구성 요소

모든 AI 에이전트는 네 가지 핵심 요소로 구성된다.

첫째는 목표^{Goal}다. 에이전트가 달성해야 할 최종 목표를 말한다. 'SF 장편 영화 시나리오 완성'처럼 명확한 목표가 있어야 에이전트가 방향을 잡을 수 있다.

둘째는 계획^{Planning}이다. 목표를 달성하기 위한 단계별 계획이 필요하다. 에이전트는 목표를 받으면 스스로 하위 작업^{sub-task}으로 분해한다. '로그라인 작성 → 캐릭터 설정 → 아웃라인 작성 → 대본 작성'처럼 순차적인 계획을 세운다.

셋째는 도구^{Tools}다. 에이전트가 사용할 수 있는 기능들을 말한다. 텍스트 생성, 웹 검색, 파일 저장, 외부 API 호출 등 다양한 도구가 있을 수 있다. 스토리텔링 에이전트라면 '데이터 관리 도구’, ‘로그라인 생성 도구’, ‘캐릭터 생성 도구’, ‘대본 생성 도구’ 같은 특화된 도구를 가질 수 있다.

넷째는 메모리 Memory 다. 에이전트가 작업 중에 기억해야 할 정보를 말한다. 앞서 생성한 로그라인, 캐릭터 설정, 아웃라인 등을 메모리에 저장하고, 다음 단계에서 참조한다. 메모리가 없으면 에이전트는 매번 처음부터 다시 시작해야 한다.

이 네 가지 요소가 유기적으로 작동할 때, AI는 단순한 ‘응답 기계’에서 ‘자율적인 작업자’로 진화한다. 왜 에이전트가 중요할까? 샘 알트만은 타운홀에서 이렇게 말했다.

“올해 말까지 수천 명의 팀이 1년 걸려 만들던 소프트웨어를 100달러나 1,000달러 정도의 추론 비용으로 만들 수 있게 될 것입니다.”

이 말의 의미를 곱씹어 보자. 1년 걸리던 작업이 하루 만에 가능해진다는 것은, 단순히 속도가 빨라진다는 의미가 아니다. 작업의 본질 자체가 바뀐다는 의미다.

스토리텔링에 적용해 보면 어떨까? 현재 장편 시나리오 한 편을 완성하는 데 전문 작가도 3~6개월이 걸린다. 아이디어 구상, 리서치, 캐릭터 개발, 아웃라인 작성, 대본 집필, 수정… 모든 단계를 사람이 직접 수행해야 하기 때문이다.

에이전트가 도입되면? 작가는 핵심 아이디어와 방향만 제시하고, 나머지 작업은 에이전트가 수행한다. 물론 최종 판단과 수정은 작가의 몫이지만, 작업의 대부분을 에이전트에게 위임할 수 있다.

샘 알트만은 이와 같은 변화를 '거대한 디플레이션 massively deflationary'이라고 표현했다. 같은 결과물을 만드는 데 필요한 비용과 시간이 극적으로 줄어든다는 것이다. 하지만 그는 동시에 경고도 잊지 않았다.

"비즈니스의 물리 법칙은 변하지 않았습니다. 차별화된 가치를 만들고 시장을 확보하는 것은 여전히 어렵습니다. AI가 영업과 마케팅을 자동화하더라도 인간의 상상력은 여전히 제한적이며, 인간의 창의적 아이디어는 여전히 주요한 경쟁력이 될 것입니다."

이것이 핵심이다. 에이전트가 작업을 자동화해도, 무엇을 만들 것인가를 결정하는 것은 여전히 인간의 몫이다. 도구가 아무리 강력해져도, 그 도구로 무엇을 만들지는 창작자가 결정해야 한다.

스토리텔링 에이전트 구축

스토리텔링 에이전트를 설계하는 방법은 LLM 서비스가 제공하는 구글 AI 스튜디오같은 에이전트 빌더를 사용하는 방법과

*API를 연결해서 자체적으로 서비스를 구축하는 방식으로 구분할 수 있다.

어떤 방법을 사용하든 나만의 이야기 창작법을 알고 있는 AI 창작 비서를 만드는 것은 중요하다. 현재 시점에서 일반 창작자가 에이전트 워크플로우를 구축하는 방법에는 크게 세 가지가 있다.

첫째, 가장 쉬운 AI 스토리텔링 에이전트 구축법은 앞서 배운 클로드 프로젝트의 활용이다. 가장 적은 비용으로 가장 효율적인 에이전트 구현이 가능하다.

시스템 프롬프트(지침)로 역할을 정의하고, 지식 파일로 컨텍스트를 제공하고, 메모리로 작업 히스토리를 유지한다. 프로젝트 설정에 이야기의 사슬 워크플로우를 내장하면, 매번 단계를 지시하지 않아도 AI가 자동으로 다음 단계를 제안하고 수행한다. 그리고 이제 클로드 프로젝트는 코워크로 진화했다. 코워크를 활용하면 로컬 폴더의 데이터와 스킬 및 플러그인을 통해 더욱 정교한 나만의 '에이전틱 AI' 기능을 손쉽게 구현할 수 있다.

---

* API(Application Programming Interface)란 서로 다른 소프트웨어 프로그램들이 데이터를 주고받으며 통신할 수 있도록 돕는 표준화된 인터페이스 또는 규약을 뜻한다. 식당에서 손님의 주문을 주방에 전달하고, 요리를 다시 손님에게 가져다 주는 '웨이터'에 비유할 수 있는데, 개발자는 API를 통해 다른 시스템의 복잡한 내부 로직을 몰라도 특정 기능을 호출하여 자신의 프로그램에 쉽게 활용할 수 있다. 이를 통해 구글 지도를 연동하거나 공공기관의 날씨 정보를 가져오는 등 서비스 간의 유기적인 연결과 효율적인 기능 확장이 가능해진다. 마찬가지로 사용량만큼의 비용을 지불하고 클로드, 챗지피티, 제미나이의 API를 연결해서 누구나 에이전트 서비스를 자체적으로 구축할 수 있다.

둘째, GPTs 또는 커스텀 봇 활용이다. 챗지피티의 GPTs, 제미나이의 Gems 등 각 플랫폼에서 제공하는 커스터마이징 기능을 활용해 전용 스토리텔링 봇을 만들 수 있다. 원리는 클로드 프로젝트와 거의 동일하다.

셋째, 코드 기반 에이전트 프레임워크 활용이다. 프로그래밍 지식이 있다면 Claude Code, Codex, LangChain 같은 에이전트 프레임워크를 활용해 더 정교한 시스템을 구축할 수 있다. 이 방식은 진입 장벽이 높지만, 훨씬 강력하고 유연한 에이전트를 만들 수 있다.

물론 개발 지식이 없어도 구글 AI 스튜디오를 활용해서 코드 기반 에이전트를 만들 수 있다. 이런 빌더들은 점점 더 사용자 친화적으로 쉬워질 것이다. 그리고 2026년 4월 9일, 앤트로픽 Anthropic 의 AI 에이전트 플랫폼 클로드 코워크 Claude Cowork 가 정식 출시되었다. 이제 누구나 개발 지식 없이도 스토리 에이전트를 설계할 수 있는 시대가 열렸다.

에이전트 시대의 창작자

샘 알트만은 타운홀에서 흥미로운 질문을 받았다.

"에이전트가 멈추지 않고 워크플로우를 자동 수행하는 시점이 언제쯤 올까요?"

그의 답변은 다음과 같았다.

"작업의 종류에 따라 다릅니다. 명확한 작업은 지금도 가능하지만, 개방형 문제의 경우 에이전트가 스스로 검증하는 단계를 거쳐야 합니다. 점진적으로 에이전트에게 맡기는 범위를 넓혀가야 합니다."

스토리텔링은 본질적으로 '개방형 문제'다. 정답이 없다. 좋은 이야기와 나쁜 이야기를 구분하는 것에도, 어떤 방향으로 이야기를 발전시킬지 결정하는 것에도, 명확한 기준이 없다. 그래서 스토리텔링 에이전트는 완전 자동화가 아닌 '인간 - AI 협업 자동화'를 지향해야 한다. 에이전트가 초안을 생성하고, 인간이 방향을 검토하고, 에이전트가 수정하고, 인간이 최종 결정을 내리는 순환 구조다.

샘 알트만은 AI 시대에 필요한 가장 중요한 능력으로 코딩 자체보다는 '높은 주체성', '아이디어 생성 능력', '회복 탄력성', '급변하는 세상에 대한 적응력'을 꼽았다.

에이전트가 대부분의 실행 작업을 담당하게 되면, 인간이 해야 할 역할은 과연 무엇일까? 바로 방향을 정하는 것, 아이디어를 내는 것, 품질을 판단하는 것, 그리고 예상치 못한 상황에 대응하는 것이다. 이것이 에이전트 시대를 살아가는 창작자의 모습이다. 모든 것을 직접 하는 것이 아니라, 에이전트를 지휘하고 방향을 제시하는 감독이 되어야 한다.

원더스토리 에이전트 개발 사례

2024년 말, 나는 숏폼 드라마 시나리오 AI 에이전트 '원더스토리WonderStory' 개발에 참여했다. 당시 원더스토리는 숏폼 드라마 대본 작성에 특화된 작가 AI 에이전트로 기획되었다. 70~100화 분량의 숏폼 시리즈를 빠르게 생성하는 것이 목표였다. 개발 과정에서 가장 중요했던 것은 '검증 지점Checkpoint'의 설계였다. 에이전트가 자동으로 작업을 수행하되, 중요한 결정 지점에서는 반드시 인간의 확인을 받도록 했다.

내가 시스템 프롬프트를 설계할 때의 핵심은 '자동화할 것'과 '인간이 판단할 것'을 명확히 구분한 것이다. 대본 생성 자체는 자동화하되, 방향 결정과 품질 판단은 인간이 담당했다. 결과는 놀라웠다. 기존 방법으로 썼을 경우 2주 이상 걸리던 70화 분량의 대본 초고를 3일 만에 완성할 수 있었다. 제작 기간 90% 단축이라는 성과를 거둔 것이다.

물론 이것은 '초고'였다. 최종 대본이 되려면 작가의 수정과 감독의 피드백이 필요했다. 하지만 시간이 가장 많이 소모되는 초고 작업을 에이전트가 담당함으로써, 인간은 더 창의적인 작업에 집중할 수 있게 되었다.

그렇다고 해서 에이전트가 만능이라는 얘기는 아니다. 에이전트의 한계와 주의점은 다음과 같다.

첫째, 품질의 일관성 문제다. 에이전트가 자동으로 생성한 결과물의 품질은 들쭉날쭉할 수 있다. 특히 장편 작업에서 앞부분은 좋은데, 뒷부분으로 갈수록 품질이 떨어지는 현상이 자주 발생한다. 이를 방지하기 위해 인간의 정기적인 검토가 필수다.

둘째, 컨텍스트 유실 문제다. 에이전트가 긴 작업을 수행할 때, 앞서 설정한 내용을 잊어버리는 경우가 있다. 1화에서 설정한 캐릭터 특성이 50화에 바뀌어 있는 식이다. 메모리 관리와 정기적인 컨텍스트 리마인드가 필요하다.

셋째, 창의성의 평균화 문제다. 에이전트는 학습 데이터의 패턴을 재현한다. 결과물이 '어디서 본 것 같은' 느낌을 줄 수 있다. 독창적인 아이디어는 여전히 인간이 제공해야 한다.

넷째, 책임 소재 문제다. 에이전트가 생성한 결과물에 문제가 있을 때 누가 책임지는가? 저작권 침해, 명예 훼손, 부적절한 내용 등의 문제가 발생할 수 있다. 최종 검토와 책임은 항상 인간에게 있다는 원칙을 명확히 해야 한다.

샘 알트만은 이렇게 경고했다.

"초기에는 의심하던 사용자들이 AI의 편리함 때문에 금방 모든 권한을 넘겨 주는 경향이 있습니다. 모델이 복잡해질수록 눈에 띄지 않는 보안 취약점이 누적될 수 있습니다."

에이전트에게 모든 것을 맡기는 것은 위험하다. 편리함에 취해 검토를 게을리하면, 언젠가 큰 문제가 터질 수 있다. '신뢰하되 검증하라. Trust but verify'는 원칙을 잊지 말아야 한다.

에이전트 시대의 창작자로 살아남기

에이전트 시대가 오면 창작자의 역할은 어떻게 바뀔까? 샘 알트만은 미래에 대해 이렇게 전망했다.

"앞으로는 컴퓨터 운영체제 사용 방식 자체가 바뀔 겁니다. 소프트웨어는 정적인 것이 아닌 사용자를 위해 즉석에서 생성되는 형태가 되겠죠. 미래에는 개인이 자신만을 위한 맞춤형 소프트웨어를 끊임없이 생성해 사용하게 될 겁니다."

이 얘기를 스토리텔링에 적용하면 어떨까? 지금은 모든 사람이 같은 시나리오 작성 도구를 사용한다. 하지만 미래에는 각 작가에게 맞춤화된 AI 창작 파트너가 있을 수 있다. 당신의 글쓰기 스타일을 학습하고, 당신이 좋아하는 장르를 이해하고, 당신의 강점과 약점을 파악한 AI가 당신만을 위해 작동하는 것이다. 이것은 공상과학이 아니다. 이미 기술적으로 가능한 것들이다. 다만 아직 대중화되지 않았을 뿐이다.

샘 알트만의 예측대로라면, 2027년 말까지 엄청난 비용 절감이 이루어질 것이고, 그때가 되면 개인 맞춤형 AI 창작 파트너는 누구나 가질 수 있는 것이 될 가능성이 크다.

샘 알트만은 또 이렇게 말했다.

"사람들은 기계가 아닌 '사람'에게 감정적으로 반응합니다. 같은 작품이라도 AI가 만들었다고 하면 감동이 반감되는 현상이 있습니다. 순수 AI 생성물보다는 인간의 의도가 들어간 작품이 계속해서 가치를 가질 것입니다."

이것이 핵심이다. AI가 아무리 발전해도, 사람들은 여전히 '인간의 이야기'를 원한다. AI가 만든 완벽한 이야기보다, 인간의 불완전하지만 진정성 있는 이야기에 더 끌린다.

에이전트는 도구다. 강력하지만, 결국 도구일 뿐이다. 그 도구로 무엇을 만들 것인가, 어떤 이야기를 할 것인가, 왜 이 이야기를 해야 하는가… 질문에 답하는 것은 여전히 인간의 몫이다.

에이전트 시대의 창작자는 '모든 것을 하는 사람'이 아니라 '방향을 정하는 사람'이 된다. 에이전트를 지휘하고, 결과를 판단하고, 최종 결정을 내리는 사람. 그것이 미래의 작가다.

AI는 당신의 에이전트다.
에이전트는 당신을 위해 일한다.
하지만 방향을 정하는 것은 당신이다.
이야기의 주인은 여전히 당신이다.

창작자를 위한
AI 윤리와 저작권

84억의 민낯

84억. 대한민국이 소비한 AI 슬롭 영상의 누적 조회수다. 단연 세계 1위! 그런데 이 숫자가 자랑이 아니다. 오히려 수치스러운 숫자다.

2025년 11월, 글로벌 영상 플랫폼 카프윙이 발표한 충격적인 보고서가 있었다. 한국은 'AI 슬롭' 소비량 세계 1위 국가로 선정되었다. 슬롭 Slop. 음식물 쓰레기라는 뜻이다. AI로 대량 생산된 저품질 콘텐츠를 일컫는 말이다.

같은 시기에 또 다른 뉴스가 있었다. 2026년 1월 22일, 대한민국은 세계 최초로 'AI 기본법'을 시행한 국가가 되었다. AI 강국의 위상을 세우겠다는 야심찬 출발이었다. 그런데 이상하지 않은가? 세계 최초로 AI를 규제하는 법을 만든 나라가, 동시에 세계에서 가장 많은 AI 쓰레기를 소비하고 있다니.

이 역설적인 현실이 우리에게 묻는다. AI 시대의 창작자로서,

우리는 어떤 윤리적 기준을 가져야 하는가? 저작권은 어떻게 변화하고 있는가? 그리고 무엇보다, 우리의 창작물은 어떤 가치를 가져야 하는가?

AI 슬롭의 시대

카프윙의 보고서에 따르면, 한국 기반 AI 슬롭 채널 11개의 누적 조회수는 84억 5천만 회였다. 2위 파키스탄 53억 회, 3위 미국 34억 회를 압도적으로 앞선다.

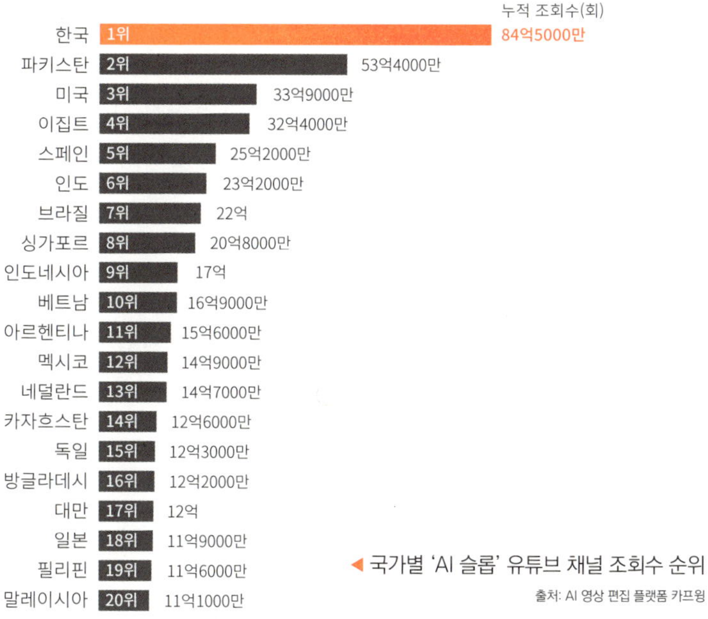

◀ 국가별 'AI 슬롭' 유튜브 채널 조회수 순위
출처: AI 영상 편집 플랫폼 카프윙

더 충격적인 사실이 있다. 유튜브 신규 사용자에게 추천되는 영상 다섯 개 중 한 개가 AI 슬롭이다. 새 계정을 만들어 쇼츠 오백 개를 보면, 그중 33%가 '브레인롯_{Brain Rot, 뇌를 썩게 만드는 영상}'으로 분류된다.

한국의 대표적인 AI 슬롭 채널 한 곳의 누적 조회수는 20억 회, 연간 광고 수익 추정치는 58억 원에 달한다. AI로 만든 가짜 영상으로 이 정도의 돈을 버는 것이다. 우리가 클릭할 때마다 이 생태계는 더욱 견고해진다. 왜 이런 일이 벌어지는가?

첫째, 생산 비용이 거의 제로에 가깝다. AI 영상 생성 도구를 사용하면 하루에 수십 개의 영상을 만들 수 있다. 품질은 낮지만, 양으로 승부한다.

둘째, 알고리즘이 자극적인 콘텐츠를 밀어 준다. 유튜브, 틱톡, 인스타그램의 추천 알고리즘은 '체류 시간'을 최적화한다. 사람들이 오래 보는 콘텐츠를 더 많이 추천한다. AI 슬롭은 자극적이고 중독성 있게 설계되어 있다.

셋째, 소비자가 구분하지 못한다. 많은 사람들이 AI로 만든 영상인지 아닌지 구분하지 못하거나, 구분하려고 하지 않는다. 그냥 재미있으면 본다.

이것이 AI 슬롭 생태계의 구조다. 그리고 이 생태계 안에서 진지한 창작자들은 점점 설 자리를 잃어가고 있다.

AI 기본법, 무엇을 담았나?

2026년 1월 22일 시행된 AI 기본법의 정식 명칭은 '인공지능 발전과 신뢰 기반 조성 등에 관한 기본법'이다. 세계 최초의 포괄적 AI 규제법이라는 타이틀을 달고 있다.

핵심 내용은 두 가지다.

첫째, '고영향 AI' 개념의 도입이다. 사람의 생명, 신체의 안전 및 기본권에 중대한 영향을 미치는 AI 시스템에 대해 사전 고지 의무를 부과한다.

둘째, AI 생성물 표시 의무화다. AI 서비스 사업자는 생성형 AI로 만든 이미지, 영상, 음성에 AI가 만들었다는 사실을 표시해야 한다. 워터마크든, 라벨이든, 어떤 형태로든 고지해야 한다.

창작자 입장에서 이것은 무엇을 의미하는가? 당신이 AI를 활용해 콘텐츠를 만든다면, 그 사실을 명시해야 한다. AI가 생성한 이미지를 사용했거나 AI가 작성한 텍스트를 포함했다면, 그것을 밝혀야 한다.

하지만 문제가 있다. 해외 플랫폼에 대한 실질적 제재 수단이 모호하다는 점이다. 구글, 오픈AI, X 같은 해외 기업이 만든 딥페이크를 어떻게 차단할 것인가? 이 질문에 AI 기본법은 명확한 답을 주지 못한다.

AI 기본법 시행을 앞두고 업계는 혼란에 빠졌다. 스타트업 얼라이언스 조사에 따르면, AI 스타트업 101개 사 중 98%가 AI 기본법 대응 체계를 갖추지 못했다고 응답했다. 법은 시행됐지만, 현장은 준비가 안 된 것이다.

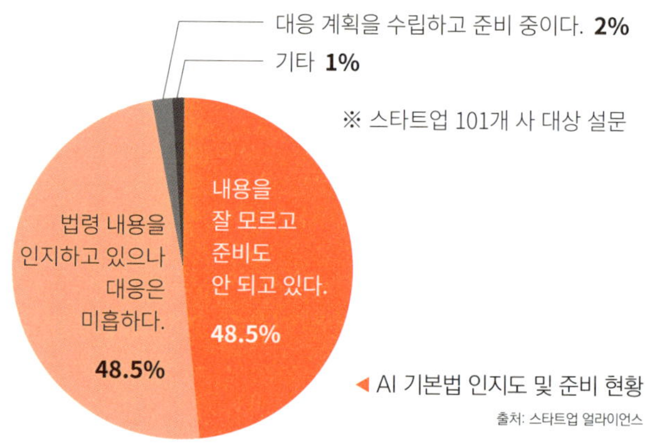

◀ AI 기본법 인지도 및 준비 현황
출처: 스타트업 얼라이언스

더 본질적인 문제가 있다. AI 기본법은 AI 사용 여부에 집중한다. 하지만 AI 슬롭 문제의 본질은 '사용 여부'가 아니라 '어떻게 사용하느냐'다. AI로 만든 교육 콘텐츠와 AI로 만든 브레인롯 영상을 같은 기준으로 규제할 수는 없다. 전자는 가치를 창출하고, 후자는 가치를 파괴한다. 하지만 둘 다 'AI로 만들었다'는 점에서는 같다.

전문가들은 AI 제작 여부가 아니라, 콘텐츠의 맥락과 의도, 사회적 해악 여부를 판단하는 기준이 우선되어야 한다고 말한다. 이것은 법의 한계를 보여 준다. 법은 외형적인 것을 규제할 수 있지만, 내용의 품질을 규제하기는 어렵다. AI 슬롭을 법으로 막을 수 없는 이유다.

오스카의 선택, 한국의 선택

흥미로운 대조가 있다. 2025년 4월, 미국 아카데미 시상식을 주관하는 미국 영화 예술 과학 아카데미가 새로운 규정을 발표했다. 제98회 오스카부터 적용되는 AI 가이드라인이다. 아카데미의 입장은 명확하다.

"생성형 AI 등 디지털 도구의 사용 여부는 후보 자격에 영향을 주지 않는다. 심사 시 인간 창작자의 창의적 기여가 중심이었는지를 중점적으로 평가한다."

AI를 썼느냐 안 썼느냐가 아니라, 인간의 창의성이 중심에 있었느냐를 본다는 것이다. 도구가 아닌 의도를 본다. 한국의 AI 기본법은 어떤가? "AI로 만들었으면 표시하라." 도구에 집중한다. 물론 시작이 중요하다. 하지만 방향이 맞는지는 다른 문제다.

오스카의 접근법은 "인간이 시작하고, 인간이 마무리한다."는 이 책의 핵심 철학과 맞닿아 있다. AI는 도구일 뿐이다. 중요한 것은 그 도구를 쥔 인간의 창의성과 의도다.

AI 시대의 저작권: 누구의 것인가?

AI가 생성한 콘텐츠의 저작권은 누구에게 있는가? 이 질문에 대한 답은 아직 명확하지 않다. 전 세계적으로 법적 논쟁이 진행 중이다. 현재까지의 판례와 가이드라인을 정리하면 다음과 같다.

첫째, 순수 AI 생성물은 저작권 보호를 받지 못한다. 미국 저작권청은 2023년 가이드라인에서 "AI가 인간의 창작적 개입 없이 독자적으로 생성한 결과물은 저작권 보호 대상이 아니다."라고 명시했다. 인간의 창작적 기여가 있어야 저작권이 인정된다.

둘째, 인간의 창작적 기여가 있으면 저작권이 인정될 수 있다. AI를 도구로 사용하되, 인간이 창작 과정을 주도하고 최종 결과물에 창작적 기여를 했다면, 그 결과물은 저작권 보호를 받을 수 있다. 프롬프트 작성, 결과물 선택, 수정, 편집 등이 창작적 기여로 인정될 수 있다.

셋째, 학습 데이터에 대한 저작권 분쟁이 진행 중이다. AI 모델이 학습에 사용한 텍스트, 이미지, 음악 등의 저작권 침해 여부가 전 세계적으로 소송 중에 있다. '뉴욕타임스 vs 오픈 AI', '게티이미지 vs 스태빌리티 AI' 등 대형 소송이 진행 중이며, 결과에 따라 AI 창작의 법적 환경이 크게 달라질 수 있다.

클로드의 개발사 앤트로픽의 경우 무단 학습한 도서의 창작자들에게 약 2조 원의 배상을 결정하기도 했다. 그렇다면 창작자로서 우리가 할 수 있는 것은 무엇인가?

AI를 도구로 활용하되, 창작의 주도권은 인간이 가져야 한다. 프롬프트 작성, 방향 설정, 결과물 선택과 수정, 최종 편집… 이 모든 과정에서 인간의 창작적 판단이 개입되어야 한다. 그래야 저작권 보호를 주장할 수 있고, 무엇보다 그것이 진정한 '창작'이다.

창작자의 윤리적 책임

법은 최소한의 기준이다. 법을 지킨다고 해서 윤리적인 것은 아니다. AI 시대의 창작자로서 우리는 법적 의무를 넘어 윤리적 책임을 져야 한다. 프롬이 제안하는 'AI 창작 윤리 5원칙'은 다음과 같다.

첫째, 투명성의 원칙. AI 활용 사실을 숨기지 않는다. 법이 요구하든 아니든, AI를 사용했다면 밝힌다. 이것은 독자/관객에 대한 존중이다.

둘째, 진정성의 원칙. AI가 생성한 것을 그대로 내보내지 않는다. 나의 관점, 나의 해석, 나의 수정이 들어가야 한다. AI의 결과물을 나의 창작물로 만드는 과정이 있어야 한다.

셋째, 품질의 원칙. AI를 써서 '대충' 만들지 않는다. AI는 효율성의 도구지, 품질 저하에 대한 핑계가 아니다. AI를 써도 최고의 품질을 추구한다.

넷째, 책임의 원칙. AI가 생성한 결과물의 책임은 내가 진다.

AI 탓을 하지 않는다. 최종 결과물에 문제가 있다면, 그것은 AI가 아닌, 그것을 선택하고 발표한 나의 책임이다.

다섯째, 가치의 원칙. 세상에 가치를 더하는 콘텐츠를 만든다. AI 슬롭처럼 클릭만 유도하는 가치 없는 콘텐츠를 만들지 않는다. 내 창작물이 세상을 조금이라도 더 나은 곳으로 만드는지 자문한다.

이 다섯 가지 원칙은 법적 의무가 아니다. 하지만 이 원칙을 지키는 창작자와 지키지 않는 창작자 사이에는 근본적인 차이가 있다. 그 차이가 장기적으로 작품의 가치와 창작자의 명성을 결정한다.

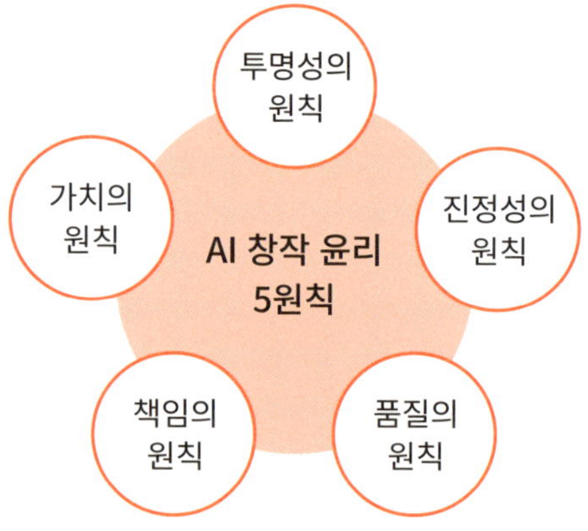

실전: AI 창작물 저작권 보호하기

AI를 활용해서 제작한 창작물의 저작권을 보호하려면 어떻게 해야 할까?

첫째, 창작 과정을 기록하라. AI를 어떻게 활용했는지, 어떤 프롬프트를 사용했는지, 결과물을 어떻게 수정했는지 기록해 둔다. 이 기록이 나중에 창작적 기여를 증명하는 증거가 된다.

창작 과정 기록 템플릿

[프로젝트명]

SF 단편 시나리오 "달의 뒷면"

[AI 활용 내역]

1. 아이디어 브레인스토밍: 클로드와 대화하며 다섯 개 콘셉트 도출

2. 로그라인 초안: AI 생성 후 70% 수정

3. 캐릭터 설정: 직접 작성 (AI 미사용)

4. 아웃라인: AI 생성 후 50% 재구성

5. 대본 초고: AI 생성 후 80% 수정

6. 최종 대본: 직접 퇴고 및 편집

[창작적 기여]

• 핵심 아이디어: 인간 (달 뒷면의 비밀 기지 콘셉트)

• 캐릭터 심리 묘사: 인간 100%

• 대사: AI 초안 후 인간이 70% 재작성

• 전체 구조: 인간이 결정

• 결말 반전: 인간 100%

[날짜]

2026년 1월 15일 - 1월 28일

둘째, AI가 생성한 원본과 내가 수정한 최종본을 구분하여 모

두 보관하라. 두 버전의 차이가 나의 창작적 기여를 보여 준다.

셋째, 중요한 작품이라면 저작권 등록을 고려하라. 등록 시 AI 활용 사실과 창작적 기여 내역을 명시한다. 이것이 나중에 분쟁 발생 시 증거가 된다.

넷째, 계약서에 AI 활용 조항을 명시하라. 클라이언트와 작업 할 때, AI 활용 여부와 범위를 계약서에 명시한다. "AI를 보조 도구로 활용할 수 있으며, 최종 결과물의 창작적 책임은 작가에게 있다."와 같은 조항을 포함한다.

법보다 문화가 먼저다

AI 쓰레기를 세계에서 가장 많이 소비하는 나라. 세계 최초로 AI 기본법을 시행한 나라. 이 둘이 같은 나라라는 사실이 우리에게 묻는다. 법이 문화를 만들 수 있는가?

AI 슬롭이 범람하는 건 법이 없어서가 아니다. 우리가 클릭하기 때문이다. 유튜브 알고리즘은 우리의 선택을 학습한다. 클릭이 곧 투표다.

AI 기본법의 취지는 좋다. 하지만 법만으로 AI 슬롭을 막을 수는 없다. 진짜 해법은 우리의 클릭에 있다. 무엇을 볼 것인지, 무엇에 시간을 줄 것인지, 그 선택이 AI 시대의 문화를 만든다.

창작자로서 우리의 책임은 더 크다. 우리가 만드는 콘텐츠가 AI 슬롭의 바다에 또 하나의 쓰레기를 더할 것인지, 아니면 그 바다 위에 떠 있는 등대가 될 것인지.

AI 시대에 창작자의 존재 이유는 무엇인가? 단순히 콘텐츠를 '생산'하는 것이라면, AI가 더 잘할 수 있다. 더 빠르게 더 많이 더 싸게 만들 수 있다. 하지만 AI는 '왜' 이 이야기를 해야 하는지 모른다. '무엇이' 가치 있는 이야기인지 판단하지 못한다. '누구에게' 이 이야기가 필요한지 이해하지 못한다.

그것을 아는 것은 인간이다. 그것을 결정하는 것은 창작자다. AI는 도구다. 강력한 도구다. 하지만 망치가 아무리 좋아도, 무엇을 만들지 결정하는 것은 목수다. AI가 아무리 발전해도, 어떤 이야기를 할지 결정하는 것은 작가다.

창작의 원칙은 기술의 문제가 아니다. 윤리의 문제다. 우리가 어떤 창작자가 될 것인가의 문제다.

AI 슬롭을 만드는 창작자가 될 것인가?
아니면 AI 시대에도 빛나는
진짜 이야기를 만드는 창작자가 될 것인가?
선택은 당신의 몫이다.

대한민국 AI 시네마를 위한 제언

13억 원의 무게

13억 원. 2026년 1월, 두바이에서 열린 세계 최대 AI 영화제 '1 Billion Followers Summit'의 그랑프리 상금이다. 116개국에서 출품한 3,500편이 경쟁한 이 대회에서 대상의 영예를 안은 것은 할리우드도 한국도 아닌 튀니지의 주베이르 줄라시 감독이 만든 9분짜리 단편 영화 <LILY>였다.

같은 시기, 대한민국에서는 'AI 옴니버스 영화'라는 타이틀을 내건 작품이 극장에 걸렸다. KT가 기획·투자한 <코드:G 주목의 시작>이 CGV에서 단독 개봉했다. 그러나 한국의 AI 시네마는 13억 원 대신 불편한 침묵만 가져왔다. 무엇이 달랐을까? 기술의 차이가 아니다. 스토리텔링에 대한 이해의 차이였다.

LILY가 보여준 것

<LILY>의 줄거리는 단순하다. 외로운 기록보관사가 뺑소니 사

고를 낸다. 그런데 차 범퍼에 아이의 인형이 끼어 버린다. 인형은 마치 목격자처럼 주인공의 양심을 압박한다. 결국 그는 자수하고, 병원에서 다친 아이에게 인형을 돌려 준다.

기술적으로 이 작품은 구글 제미나이와 비오를 활용해 70% 이상을 AI로 제작했다. 최첨단 생성형 AI 기술의 집합체인 셈이다. 그러나 심사위원단이 이 작품을 선택한 이유는 기술이 아니었다. "디지털 도구로 윤리적 메시지를 담은 드라마를 만들었다."는 것이 선정 이유였다.

여기서 주목해야 할 점이 있다. <LILY>에는 로봇이 등장하지 않는다. 근미래의 SF적 설정도 없다. AI에 대한 담론도 없다. 오

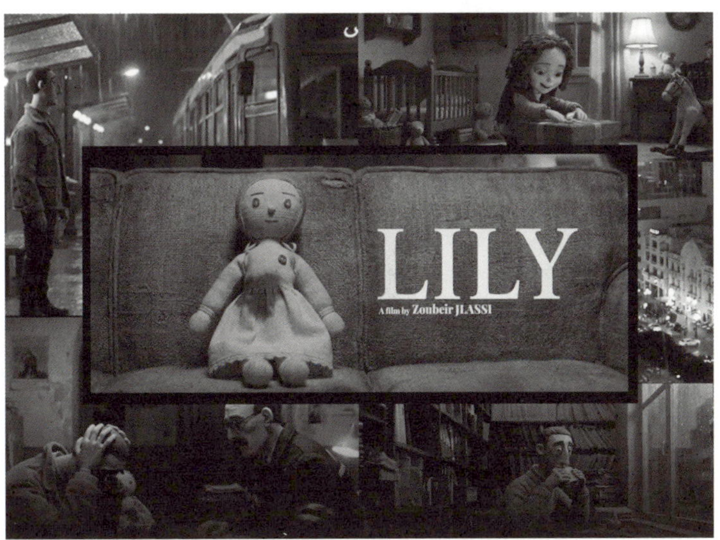

▲ 주베이르 줄라시 감독이 만든 9분짜리 단편 영화 〈LILY〉

직 인형 하나로 인간의 양심에 대해 이야기한다. AI로 만들었다고 해서 AI에 대한 이야기를 할 필요가 없다는 것, 줄라시 감독은 이 사실을 정확히 이해하고 있었다.

한국 AI 시네마가 놓친 세 가지

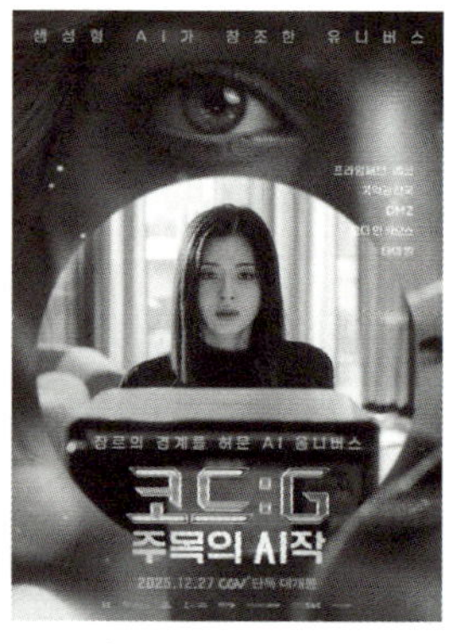

▲ 〈코드:G 주목의 시작〉

첫째, SF에 대한 오해. <코드:G 주목의 시작>은 '인간성'을 주제로 한 다섯 편의 옴니버스다. 기술적 도전은 인정한다. 하지만 다섯 편 중 대부분이 로봇과 근미래를 다룬다. AI로 만들었으니 AI가 나오는 이야기를 해야 한다? 이것은 클리셰를 클리셰하는 것이다.

AI 영상 생성 도구는 카메라의 확장이다. 우리는 카메라로 SF만 찍지 않는다. 로맨스도, 스릴러도, 휴먼 드라마도 찍는다. AI라는 도구를 얻었다고 해서 이야기의 범위가 SF로 한정되어야 할 이유는 없다. <LILY>가 증명했듯이, AI는 어떤 장르의 이야기든 담아낼 수 있는 그릇이다.

둘째, 플랫폼 선택의 문제. 영화관은 '재미'라는 단 하나의 규칙이 지배하는 링이다. 개그맨 박명수의 말처럼, "관객은 AI 영화라서 선택하지 않는다. 재미있으면 보고, 없으면 안 본다." 극장이라는 링에 올랐으면 흥행의 규칙부터 알아야 했다.

AI 영화가 극장 관객에게 어필하려면 '이것은 AI로 만들어졌다.'는 사실이 관람 동기가 되어야 한다. 하지만 현실은 그 반대다. 관객은 AI로 만들었다는 사실 때문에 오히려 경계한다. 그렇다면 전략을 바꿔야 한다. AI 영화의 첫 번째 전장은 극장이 아니라 온라인 페스티벌, 숏폼 플랫폼, 그리고 커뮤니티일 수 있다.

셋째, 브랜딩의 부재. '코드:G 주목의 시작'이라는 제목을 검색해 본 적 있는가? 영어, 한글, 기호가 뒤섞인 복잡한 네이밍. 마케팅 이전에 발견조차 되지 않는 영화. 이것은 배급의 실패다.

관심경제 시대에서 발견되지 않는 콘텐츠는 존재하지 않는 것과 같다. AI 시네마의 첫 번째 과제는 기술적 완성도가 아니다. 관객이 찾아올 수 있는 이름, 기억에 남는 브랜드, 입소문을 탈 수 있는 스토리다.

Well-Made와 Made-Well의 차이

영화평론가 김도훈은 이렇게 말했다.

"AI를 오해하고 있다. 할리우드가 AI를 근심하는 이유는 특수효과를 대체할 기술이라서가 아니다. 기획부터 완성까지 모든 분야에서 인간을 대체할 가능성이 높은 기술이라서다."

그는 <코드:G> 이전에 개봉했던 강윤성 감독의 AI 영화 <중간계>를 두고도 혹평했다.

"AI로 특수효과를 만드는 게 아니라 시나리오를 썼어야 했다. 그것이야말로 국내 최초 AI 활용 장편 영화라는 타이틀에 더 어울렸을 것이다. 영화도 더 재미있었을 것."

▲ 〈중간계〉

여기서 핵심 개념이 드러난다. 'Well-Made'와 'Made-Well'의 차이다. 한국의 AI 시네마는 '잘 만드는 것 Well-Made'에 집착하다가 '잘 팔리는 것 Made-Well'을 놓쳤다. AI가 아무리 정교한 영상을 만들어도, 관객의 마음을 움직이지 못한다면 의미가 없다.

<LILY>는 왜 13억 원을 받았을까? 기술이 아니다. 뺑소니라는 보편적 죄책감, 인형이라는 상징, 자수라는 도덕적 선택. 이 세 가지가 관객의 심장을 건드렸기 때문이다. 이것이 스토리텔링의 힘이다.

감독이 먼저다

이 책 전체를 관통하는 철학이 있다. "인간이 시작하고, 인간이 마무리한다." AI 시네마에서 이 원칙은 더욱 중요해진다.

AI는 1부터 9까지를 완성해 준다. 하지만 10은 인간이 채워야 한다. 그 10이 바로 스토리텔링이고, 연출이다. 클링, 시댄스, 비오, 런웨이는 성능 좋은 카메라일 뿐이다. 물론 자동 확률을 곁들인 카메라지만, 좋은 카메라가 좋은 영화를 담보하지는 않는다.

한국의 AI 시네마 디렉터들에게 묻고 싶다. 영상 생성 이전에, 당신은 감독이 되었는가? 기술을 배우기 전에, 이야기를 알았는가? 도구를 다루기 전에, 감정을 이해했는가?

AI 영상 생성 도구의 발전 속도는 경이롭다. 2025년 초만 해도 불가능했던 것들이 연말에는 가능해졌다. 2026년에는 더 놀라운 것들이 등장할 것이다. 하지만 도구의 발전이 이야기의 발전을 보장하지는 않는다. 오히려 도구가 좋아질수록 이야기의 중요성은 더 커진다.

대한민국 AI 시네마를 위한 다섯 가지 제언

첫째, SF의 굴레에서 벗어나라. AI로 만들었다고 해서 AI 이야기를 해야 하는 것은 아니다. 인간의 모든 감정, 모든 관계, 모든 갈등을 AI라는 도구로 표현할 수 있다. 장르의 다양성이 AI 시네마의 확장을 이끈다.

둘째, 플랫폼을 전략적으로 선택하라. 극장이 유일한 전장은 아니다. AI 영화제, 온라인 숏폼 플랫폼, 유튜브, SNS 커뮤니티…. 각 플랫폼의 특성을 이해하고, 콘텐츠에 맞는 플랫폼을 선택해야 한다.

셋째, 발견될 수 있는 이름을 지어라. 관심경제 시대에서 검색되지 않는 콘텐츠는 존재하지 않는 것과 같다. 기억하기 쉽고, 검색하기 쉽고, 공유하기 쉬운 브랜딩을 채택하라.

넷째, 기술보다 이야기에 투자하라. AI가 만드는 영상의 품질은 도구의 발전에 따라 자동으로 좋아진다. 하지만 이야기의 품질은 인간의 노력에 따라 결정된다. 기술 습득에 쏟는 시간의 절반만이라도 스토리텔링 연구에 투자하라.

다섯째, 감독으로서의 정체성을 먼저 확립하라. AI는 도구다. 도구를 다루는 것은 기술자의 일이지만, 도구로 무엇을 만들지 결정하는 것은 창작자의 일이다. AI 시네마를 만들기 전에, 먼저 당신 자신이 감독이 되어야 한다.

주목은 아직 시작되지 않았다

관심경제 시대의 경쟁력은 주목이다. 하지만 주목은 시간이라는 지불 가치를 채울 수 있어야 시작된다. 많은 관객이 10분을 투자해서 <LILY>를 보고, 그 시간의 가치를 인정했기에 13억 원의 상금이 주어진 것이다.

한국의 AI 시네마를 향한 주목은 아직 시작되지 않았다. 하지만 그것은 절망이 아니라 기회다. 아직 승자가 정해지지 않은 경기장이기 때문이다.

한국은 이미 K-드라마와 K-영화로 전 세계 스토리텔링 시장에서 역량을 증명했다. 그 역량이 AI라는 새로운 도구와 만났을 때, 우리는 13억 원이 아니라 그 이상의 가치를 만들어 낼 수 있다.

단, 조건이 있다. 도구에 취하지 말 것, 기술에 함몰되지 말 것, 언제나 이야기가 먼저임을 잊지 말 것, 그리고 무엇보다, "인간이 시작하고, 인간이 마무리한다."는 원칙을 지킬 것.

'무엇을 이야기할 것인가?'
오래된 이 질문에 대한 답을 가진 사람만이
AI라는 도구를 제대로 활용할 수 있다.
그리고 그 답은 언제나 인간에게서 시작된다.

스토리 엔지니어링의 문을 엽니다

도구가 아니라 설계다

이제 누구나 이야기를 만들 도구는 충분히 갖추고 있다. 프롬프트도 어느 정도 익혔다. 그런데 결과물은 여전히 어딘가 낯설고, 차갑고, 비어 있다고 느껴진다. 그 이유는 무엇일까? 사람이 쓰는 이야기의 방식과 인공지능과 함께 만드는 이야기 방식의 가장 큰 차이는 무엇일까?

이제 누구나 AI를 쓴다. 문제는 '무엇을 만드느냐?'가 아니라 '어떻게 설계하느냐?'로 이동했다. AI 도구를 잘 다루는 사람과 AI로 좋은 이야기를 설계하는 사람은 다르다. 그 차이를 만드는 것이 '스토리 엔지니어링'이다. 스토리텔링이 창작이라면, 스토리 엔지니어링은 설계다. 작가는 이제 이야기 건축가가 되어야 할지도 모른다.

스토리 엔지니어링은 인공지능과 인문 지성을 연결하는 AI 시대의 스토리텔링 실험이다. 프롬프트를 잘 쓰는 것을 넘어, 이야기를 구조화하고 생각을 증폭하며 내러티브를 움직이는 힘을 설계하는 일이다. 그 설계를 떠받치는 것은 크게 다섯 가지다.

첫 번째 힘: 도메인 지식

좋은 이야기는 표현하고 싶은 분야에 대한 깊은 이해에서 시작한다. AI는 방대한 데이터를 처리하지만, 어느 영역의 이야기를 왜 지금 해야 하는지는 인간만이 안다.

장르의 문법, 플랫폼의 특성, 시대의 감각. 그것이 스토리 엔지니어의 첫 번째 자산이다. 웹툰 작가가 AI에게 "재미있는 시나리오를 써 줘."라고 말하면 뻔한 결과가 나온다. 하지만 "독자가 스와이프를 멈추는 첫 컷은 어떤 구조여야 하는가?"라는 질문으로 접근하면, AI는 전혀 다른 파트너가 된다. 그 질문을 던질 수 있는 것이 바로 도메인 지식의 본질이다.

카오스 재단이 운영하는 과학 콘텐츠 플랫폼 'SOAK(쏙)' 프롬프트 컨설팅 프로젝트에서 확인한 것도 이것이었다. AI는 방향을 제안하지만, 도메인 지식이 없으면 그 제안을 선택할 수 없다. 수백 개의 옵션이 쏟아져도 어느 것이 지금 이 플랫폼에, 이 독자에게, 이 시점에 맞는 이야기인지, 그 판단은 오직

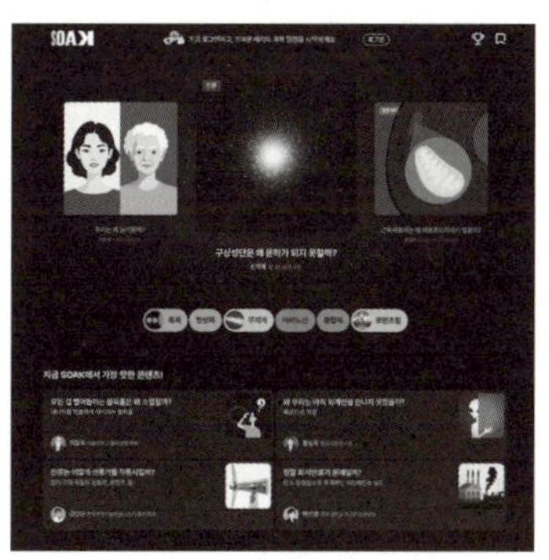

▲ 과학 콘텐츠 플랫폼 'SOAK(쏙)'

인간의 경험에서만 나온다. ('SOAK'은 프롬의 AI 콘텐츠 프롬프트 컨설팅을 거쳐 'iF 디자인 어워드 2026' 본상을 수상했다.)

도메인 지식은 단순한 배경지식이 아니다. 그것은 '이 이야기가 왜 지금 필요한가?'를 아는 힘이다. AI가 아무리 발전해도, 이 판단의 힘은 여전히 인간의 몫이기 때문이다.

두 번째 힘: 지불 가치와 팬덤

AI가 만든 콘텐츠가 넘쳐나는 시대, 사람들이 돈을 내는 이유는 단 하나다. "이 이야기가 아니면 안 된다." 공감과 몰입의 즐거움. 그것이 지불 가치다. 팬덤은 기술의 완성도가 아니라 콘텐츠의 진정성에서 태어난다.

80여 차례의 워크숍을 진행하면서 나는 이 차이를 반복적으로 목격했다. AI로 하루 만에 열 개의 시나리오를 뽑아낸 참가자와, AI와 열두 번의 대화를 거쳐 단 하나의 이야기를 완성한 참가자. 전자의 결과물은 볼만했다. 후자의 결과물은 사람을 울렸다.

내가 프롬을 통해 "인간이 시작하고, 인간이 마무리한다."는 철학을 고집하는 이유가 여기에 있다. AI가 양산하는 수천 개의 옵션 중 하나를 선택하는 안목, 그것이 팬덤을 만드는 큐레이션 역량이다. 기술은 평준화된다. 하지만 이야기에 담긴 인간의 선택과 판단은 평준화되지 않는다.

팬덤은 결국 '이 창작자만이 줄 수 있는 무언가'에서 시작한다. AI 시대에 그 무언가는 더욱 희귀하고, 더욱 가치 있다. 당신의 이야기에는 함께 웃고 울어 주는 팬이 있는가?

세 번째 힘: IP와 네임 밸류

좋은 이야기는 한 번의 발신과 수용으로 끝나지 않는다. 공감이 반복되고 세계관이 확장될 때 IP가 된다.

오래 전, 웹툰 <샤먼>을 작업하면서 배운 것이 있다. 독자는 이야기의 '결말'이 아닌 '세계'로 돌아온다는 것이다. 주인공의 이름을 기억하고, 그 세계의 규칙을 이해하며, 다음 이야기를 기다린다. 그것이 'IP'다. 그리고 AI는 그 IP를 만드는 작업의 놀라운 파트너가 될 수 있다.

스토리 엔지니어링의 핵심 질문 중 하나는 '이 이야기가 공감할 만한 세계관을 갖고 있는가?'이다. AI시대에 네임 밸류가 더욱 중요해지는 것도 바로 이런 이유에서다. 캐릭터에 이름이 생기고, 세계에 규칙이 생기고, 독자가 그 세계로 돌아오고 싶어질 때, 비로소 스토리는 자산이 된다.

AI는 세계관의 일관성을 검토하고, 캐릭터의 논리를 점검하며, 미처 생각하지 못한 설정의 허점을 발견하는 데 탁월하다. 하지만 그 세계에 '왜 이 이야기를 해야 하는가?'라는 이유를 부여하는 것은 여전히 인간의 몫이다.

네임 밸류는 반복이다. 한 번의 히트가 아니라, 일관된 세계관과 목소리가 쌓여야 한다. 스토리 엔지니어는 그 반복을 AI와 함께 설계하는 사람이다.

네 번째 힘: 효율적 워크플로우

LLM으로 시나리오 제작을 구조화하고, 보이스 엔진으로 캐릭터 목소리를 디자인하며, 비주얼 엔진으로 하나의 워크플로우를 통합하는 것은 스토리 엔지니어링의 심장이다. 효율은 양을 위한 것이 아니다. 깊이를 위한 것이다.

같은 시간에 더 많은 이야기를 만드는 것이 아니라, 더 좋은 이야기를 만들기 위해 남은 시간을 인간의 판단에 써야 한다. 평균 3일 걸리던 웹툰 스토리보드를 AI 파이프라인으로 4시간 만에 초안 완성. 이것이 목표가 아니다. 그렇게 아낀 시간에 스토리보드의 감정적 디테일을 다시 손으로 다듬는 것. 그것이 워크플로우의 진짜 목적이다.

워크플로우를 설계한다는 것은 '어디서 AI에게 넘기고, 어디서 인간이 받아야 하는가?'를 아는 일이다. 이 판단 지점을 설계할 수 있는 사람이 스토리 엔지니어다. 도구의 나열이 아닌, 도구를 엮는 전략이다.

실전에서 확인한 워크플로우의 황금률은 'AI에게는 반복 가능한 구조를, 인간에게는 단 한 번뿐인 감각을'이었다. 그 분업이 정교해질수록 이야기는 더 깊어진다.

다섯 번째 힘: 속도를 이기는 휴리스틱

AI 도구의 반감기는 점점 짧아지고 있다. 오늘의 최선이 내일의 구식이 되는 속도에서, 매뉴얼적 대응은 이미 늦다. 워크숍에서 가장 자주 듣는 질문이 있다.

"어떤 AI 도구를 배워야 하나요?"

나의 답은 언제나 같다.

"지금 잘 쓰고 있는 도구를 더 깊이 공부하세요. 그리고 새로운 도구가 나왔을 때 본질이 무엇인지 빠르게 읽어 내세요. 도구의 이름은 바뀌지만, 이야기의 문법은 바뀌지 않습니다."

스토리 엔지니어에게 필요한 것은 완벽한 지식이 아니라 빠르게 판단하는 직관, 휴리스틱 역량이다. 규칙을 외우는 것이 아니라 변화의 패턴을 읽고 즉각 적용하는 감각. 이것이 경험적 프롬프팅 Heuristic Prompting 의 핵심이다.

예를 들어, 새로운 이미지 생성 AI가 등장했다고 하자. 완전히 처음부터 배우는 사람과 휴리스틱을 가진 사람은 출발점부터 다르다. 후자는 묻는다.

"이 도구의 프롬프트 구조는 무엇인가? 어디서 인간의 개입이 필요한가? 이 도구를 기존 워크플로우에 어떻게 연결할 것인가?"

단 세 가지 질문이면 새로운 도구의 본질이 보이기 때문이다.

도구가 아무리 바뀌어도 흔들리지 않는 창작자의 근육, 그것이 휴리스틱이다. 이 근육은 매뉴얼로 만들어지지 않는다. 수많은 실험과 실패와 조정 속에서, 조금씩 단단해진다.

스토리 엔지니어링의 문을 엽니다

앞에서 살펴본 다섯 가지의 힘은 별개의 기술이 아니다. 도메인 지식이 팬덤을 낳고, 팬덤이 IP를 만들며, 효율이 워크플로우를 완성한다. 그리고 이 모든 것을 관통하는 것이 휴리스틱, 빠르게 읽고 빠르게 적용하며 빠르게 다시 설계하는 감각이다. 스토리 엔지니어링은 결국 그 순환을 설계하는 일이다.

이야기를 설계한다는 것은 결국, 당신이 세상에 던지고 싶은 질문을 AI와 함께 가장 강력한 형태로 세공하는 일이다. "인간이 시작하고, 인간이 마무리한다."는 원칙은 결코 바뀌지 않는다. 바뀐 것은 인간이 설계할 수 있는 이야기의 규모와 깊이다. AI라는 증폭기를 얻은 지금, 당신의 질문은 우주 끝보다 더 멀리 날아갈 수 있다.

2026년, 우리는 이야기의 역사에서 가장 흥미로운 시점에 서 있다. 도구는 민주화되었다. 누구나 쓸 수 있다. 그래서 역설적으로, 무엇을 쓰느냐가 그 어느 때보다 중요해졌다.

스토리 엔지니어링은 그 '무엇'을 설계하는 방법론이다. 완성된 공식이 아니라, 계속 진화하는 실험이다. 내가 연구하고, 커뮤니티를 운영하고, 워크숍을 열고, 이 책을 쓰는 이유도 그 실험을 함께 이어가기 위해서다.

클로드 코워크로 스토리를 만들어 본 사람이라면, 앞으로 어떤 일이 벌어질지 충분히 알 수 있을 것이다. 우주를 놀라게 할 이야기를 설계할 준비가 됐다면, 지금이 그 문 앞이다. 직접 써 보고, 연구하고, 축적하기를.

Story Engineering

AI는 당신의 이야기를 쓰지 않는다.
AI는 당신이 이야기를 설계하도록 돕는다.
세상을 울릴 이야기를 설계하는 사람이
스토리 엔지니어다.

인간이 시작하고, 인간이 마무리한다

책을 마무리하며

2022년 11월, 챗지피티가 세상에 등장했을 때 나는 20년 경력의 기획자였다. 스토리텔링 콘텐츠를 만들고, 마케팅 전략을 세우고, 페스티벌을 기획하며, 수많은 이야기를 다루어 왔다. 그런 내가 AI 앞에서 처음 느낀 감정은 경이로움이 아니라 두려움이었다. '이제 내가 하던 일을 AI가 대신하겠구나.' 그것이 솔직한 첫인상이었다.

하지만 2년이 지난 지금, 나는 AI가 나의 창작을 대체한 것이 아니라 증폭시켰다는 것을 잘 알고 있다. AI 스토리텔링랩 프롬 PROM 을 이끌며 수백 명의 창작자들과 함께 이야기를 만들고, 인사이트 클럽의 1만 명이 넘는 커뮤니티 멤버들과 AI와 협업하는 방법을 연구하는 과정에서 깨달은 것이 있다.

AI는 도구가 아니다. 그렇다고 창작자도 아니다.
AI는 '촉매'다.

0에서 1, 그리고 1에서 10

이 책을 쓰는 동안 나는 끊임없이 하나의 질문과 씨름했다. 'AI 시대에 인간 창작자의 역할은 무엇인가?' 수많은 실험과 프로젝트를 통해 도달한 답은 명확했다. 인간은 '0에서 1'을 만든다. AI는 '1에서 9'를 빠르게 채운다. 그리고 인간이 다시 '9에서 10'을 완성한다.

최초의 아이디어, 그 반짝이는 씨앗은 여전히 인간의 영역이다. 삶에서 건진 통찰, 가슴을 울리는 질문, 세상을 다르게 보는 시선. 이것은 데이터로 학습되지 않는다. 오직 살아있는 경험에서만 탄생한다. 그리고 마지막 10%, 이야기에 영혼을 불어넣는 결정적 순간도 인간의 몫이다. 캐릭터가 그 순간 왜 그런 선택을 했는지, 침묵에 담긴 의미는 무엇인지, 엔딩은 관객에게 어떤 여운을 남겨야 하는지. 이것은 알고리즘이 아닌 직관과 감각의 영역이다.

휴리스틱 프롬프팅의 발견

이 책에서 소개한 휴리스틱 프롬프팅은 단순한 기법이 아니다. 그것은 AI와의 새로운 대화 방식이며, 동시에 인간 창작자가 자신의 직관과 통찰을 지키는 방법이다.

처음 이 방법론을 발견했을 때, 나는 프롬프트 엔지니어링이 프로그래밍처럼 정교해야 한다고 생각했다. 하지만 수천 번의 실험 끝에 깨달았다. 가장 좋은 프롬프트는 가장 인간적인 생각에서 나온다는 것을.

'이 캐릭터는 왜 거짓말을 해야 했을까?', '관객이 이 장면에서 무엇을 느끼기를 바라는가?', '이 이야기가 세상에 필요한 이유는 무엇인가?' 이런 질문은 AI에게 답을 요구하는 것이 아니다. AI와 함께 답을 찾아가는 여정의 출발점이다.

이야기의 사슬 CoS, Chain of Story 도 마찬가지다. 이야기의 뼈대를 AI와 함께 설계하되 각 연결 고리에 인간의 의도를 심는 것, 그것이 진정한 협업이다.

현장에서 배운 것들

프롬 PROM 에서 진행한 80여 회의 수업과 워크숍, 크리에이터 부트캠프, 인사이트 클럽의 수많은 컨퍼런스, 기업들과의 컨설팅 현장에서 나는 한 가지 패턴을 발견했다. AI를 가장 잘 활용하는 사람은 AI를 가장 잘 아는 사람이 아니었다. 자신의 이야기를 가장 잘 아는 사람이었다.

웹툰 <샤먼>을 만들 때도 그랬다. 작가가 글을 쓰고, 그림을 그리고, 배경을 채웠지만, 무당이 느끼는 고독과 사명감, 현대 사회에서 전통이 가지는 의미에 대한 질문은 온전히 크리에이터인 내

것이었다.

지금 작가의 역할을 대신하는 AI는 내 머릿속의 생각과 이미지를 화면에 옮겨 줄 뿐, 그 글과 그림을 창조한 것은 내 경험과 상상이다. 적어도 난 그렇게 믿는다.

K-스토리텔링의 새로운 장

한국은 특별한 위치에 있다. K-드라마와 K-콘텐츠로 전 세계에 한국식 스토리텔링의 힘을 증명했고, 동시에 세계에서 가장 빠르게 새로운 기술을 수용하는 사회다. 이 두 특징이 만날 때 어떤 일이 벌어질까? 나는 그 교차점에서 'K-AI 스토리텔링'이라는 새로운 장르가 탄생할 것이라 믿는다.

물론 도전도 있다. 기술에 매몰되면 이야기를 잃는다. 하지만 그것은 방향의 문제이지 가능성의 한계가 아니다. 한국 창작자들이 가진 서사적 감각, 감정의 디테일, 관계의 복잡성에 대한 이해가 AI 도구와 만날 때, 세계가 경험하지 못한 새로운 이야기가 탄생할 것이다.

독자에게 드리는 제언

이 책을 읽은 여러분께 세 가지를 당부 드린다.

첫째, 두려워하지 말라는 것. AI는 여러분의 창작 영역을 빼앗는 것이 아니라 확장한다. 처음 피아노 앞에 앉았을 때의 두려움을 기억하는가? 하지만 건반 위에서 손가락이 자유로워지자 음악이 태어났다. AI도 그런 도구다. 익숙해지면 상상만 하던 이야기가 현실이 된다.

둘째, 당신만의 이야기를 지키라는 것. AI는 보편적인 것을 잘 만든다. 하지만 세상을 움직이는 것은 보편성이 아니라 독창성이다. 당신만이 가지고 있는 경험, 당신만이 볼 수 있는 세상, 당신만이 던질 수 있는 질문. 그것이 AI 시대를 살아가는 창작자의 가장 큰 무기다.

셋째, 동료와 함께하라는 것. 혼자서는 AI 시대의 변화를 따라가기 어렵다. 인사이트 클럽의 1만 명이 증명하듯, 커뮤니티에서 시행착오를 나누고, 발견을 공유하고, 영감을 주고받을 때 성장이 가속화된다. 이 책이 그런 연결의 시작이 되기를 바란다.

다음 이야기를 위하여

이 책을 쓰면서 나 역시 AI와 끊임없이 대화했다. 목차를 구성할 때, 사례를 정리할 때, 문장을 다듬을 때, AI는 든든한 파트너였다. 하지만 이 책에 담긴 모든 이야기의 출발점과 종착점은 오롯이 나의 경험이었다. 20년간 만난 사람들, 기획했던 프로젝트들, 성공과 실패의 순간들이 만든 축적이 이 책의 진짜 재료다.

그래서 나는 자신 있게 말할 수 있다. AI 시대에도 이야기꾼은 사라지지 않는다고. 오히려 더 많은 이야기꾼이 필요해질 거라고. 기술이 진입 장벽을 낮추면, 이야기의 깊이로 승부해야 한다. 그 깊이는 알고리즘이 아닌, 인간의 삶에서 나온다.

"인간이 시작하고, 인간이 마무리한다." 이것이 AI 스토리텔링의 본질이며, 이 책이 전하고자 하는 단 하나의 메시지다. 이제 여러분의 이야기를 시작하시라. AI가 기다리고 있다. 하지만 이야기의 주인공은 언제나 여러분이다.

AI 스토리텔링랩 프롬(PROM)에서 **'생각'**

"인간이 시작하고, 인간이 마무리한다. "
Humans Start, Humans Finish.